경남 산문선 81

타래난초

성혜경 수필집

• 들어가는 말 •

《타래난초》를 내면서

 글 쓰는 이유는 말솜씨가 없어서이다. 살아오면서 특별했던 이야기를 찬찬히 묶어보았다. 막상 책을 내려니 속이 훤히 들여다보이도록 문을 열어놓는 것 같아 쑥스럽다. 말보다 글이 편하니 어쩔 도리가 없다.

 내 글의 모티브는 어릴 적 시골이다. 산과 들에 자잘하게 꽃을 피워내던 여러 가지 풀, 바다처럼 일렁이던 보리, 신작로에서 너울대던 플라타너스 이파리 외에 황금빛 들녘, 난로에서 마른 솔방울이 타닥타닥 타던 교실, 해맑던 친구들…. 그것들이 나의 언어가 되었다.

 때때로 뾰족하게 일어서던 감정이 글을 쓰면서 유연해졌다. 고마운 일이 늘어나고 보는 눈이 편안해졌다. 자연 속

어느 것 하나 참하지 않은 것이 어디 있으랴. 길섶에 자리 잡은 강아지풀도 뒷산 수많은 새소리도 그렇다. 자연 중에 사람이 가장 수려한 꽃이고 나무임을 알게 되어 무엇보다 기쁘다.

원고가 늘면 늘수록 부족한 나를 확인한다. 밤새 써놓은 글을 이른 새벽에 지우는 날이 많았으나 욕심을 앞세우면 수필 결이 터실터실해진다는 사실도 깨닫는다. 평생 삶의 동반자로 여기며 나선 글 길, 여름날 소 몰고 가듯이 천천히 가려고 한다.

수필의 길로 이끌어주신 스승님과 문우들이 있어 힘을 얻었다. 연필을 들고 다니는 곳마다 글 사냥터라 믿었으니 이번 수필집이 내 글의 성장판이 되었으면 한다. 물론 수확이 넉넉하지 않아도 좋다. 사물을 무심히 지나치지 않고 대하는 풍요로운 마음만으로도 족하다.

베란다 작은 화단에서 화초를 키우는 시간은 삶에 대한 고찰의 기회가 되었다. 타래난초는 설란 화분에서 싹을 틔우면서 키우게 된 화초이다. 여려 보이지만 의연하게 어떠한 변화에도 중심을 잡고 살아가는 타래난초를 보면서 어머니를 생각했다. 녹록지 않은 인생길에서 타래난초가 꽃을 피우듯 자식을 위해 살아가던 어머니의 기억은 힘이 되었다. 《타래난초》가 잠시나마 누군가의 가슴을 따스하게 데울 수 있었으면 한다.

지금 막냇동생이 가장 생각난다. 삶의 벼랑에 선 나에게 장기 일부를 선뜻 떼어준 동생이다. 가슴에는 여전히 어린 동생인 너에게 말로는 너무 가벼워 차마 표현할 수 없이 미안하고 미안했다.

성낙훈, 이 책은 너와 함께 쓴 거야. 고맙다!

2023년 가을
성혜경

• 차례 •

들어가는 말 • 2
서평 꽃으로 직조한 사람살이의 서정과 서사 | 박양근 • 245

PART 1
웃기떡

10 | 입춘첩
16 | 느티나무와 나
21 | 웃기떡
27 | 스며들다
33 | 애기분홍낮달맞이

PART 2
진경 찾아가는 길

40 | 윤이월 끄트머리에 서서
45 | 뚜벅이, 전동 바이크 타다
51 | 나팔꽃 피는 날
57 | 진경 찾아가는 길
62 | 우도의 봄날
68 | 날파리와 능구렁이

PART 3
타래난초

74 | 귀쑥
79 | 보듬이
85 | 붓끝에서 피는 꽃
90 | 그림의 속말
95 | 타래난초
101 | 해국
107 | 중독

PART 4
나비수국

114 | 무궁무진
119 | 석류나무와 어머니
125 | 헌책
131 | 탱자나무는
　　　흔들리지 않는다
137 | 나비수국
143 | 삼방에 살고 지고

PART 5
손

150 | 쥐손이풀
156 | 손
161 | 토종에 관하여
166 | 도라지 한살이
172 | 조팝나무꽃이 지면
178 | 겨울의 진객 동백
184 | 엄마 손 잡던 날
189 | 두 대의 자전거

PART 6
오래된 명함

196 | 약수
202 | 산소 같은 사람
206 | 지심
212 | 오래된 명함
217 | 나의 그대여
223 | 8번 국숫집의 토렴
228 | 커피나무 뒤꽂이
234 | 오월의 신랑 신부에게
239 | 흑염소 반 마리

PART 1
웃기떡

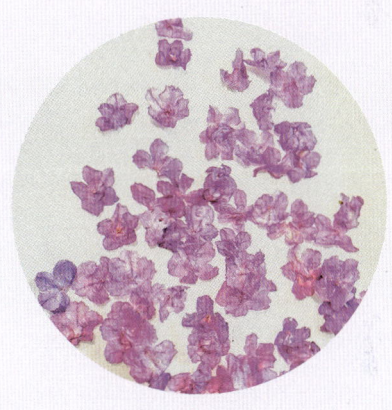

입춘첩 • 느티나무와 나 • 웃기떡 • 스며들다 • 애기분홍낮달맞이

입춘첩

공원 벤치에 앉아 있으니 햇살이 따사롭다. 겨울이 떠날 채비를 하고 있는가. 겨우내 말랐던 백매화 나뭇가지에 꽃망울이 달렸다. 천성산 내원사에 가봐야겠다.

계곡이 시작될 즈음 차에서 내렸다. 산뜻한 공기가 훅 들어온다. 열흘 전에 왔을 때만 해도 선득하더니 제법 포근하다. 평일이라 그런지 어쩌다 오가는 차만 보이고 사람들 발길이 뜸하다. 나무를 잇대어 만든 길을 걷고 있으니 편하기는 해도 운치가 없다. 자금자금 걷다가 돌부리에 걸리기도 하던 흙길이 그리워진다. 서산 자락 끝에 흐르다 솟아오른 얼음덩이는 여전한데, 동쪽 산을 끼고 흐르는 실개울이 골골샅샅이 겨울잠을 깨우려는 듯 분주하다. 물길 스치는 바위에 한낮 볕이 곱게 내리고 있다. 순해진 계곡 바람에 봄이 기다려진다.

　나는 살기에 적당한 터를 찾는 동물처럼 때때로 산천을 더듬으며 다니기를 즐긴다. 내원사 계곡은 가깝기도 하지만 여느 곳보다 안온해서 자주 찾는다. 사찰로 향하는 계곡은 계절이 바뀌어도 술렁거리거나 호들갑스럽지 않다. 한참 걷다 보니 시린 물소리에 머릿속 잡념이 훌훌 씻긴다. 몸이 사뿐해지는 것은 점심을 먹지 않은 까닭만은 아니다.

　새소리가 정적을 깬다. 두리번거리던 눈길 끝에 우람한 적송이 유려하게 서 있다. 높은 솔가지 위, 때까치 한 마리가 꽁지깃을 까딱이며 깡동거리고 있다. 경계라도 하듯이 숨죽이고 있는가 싶더니 포르르 날아오른다. 내 관심이 지나쳤는가 보다.

　내원사가 얼마 남지 않았는지 돌비가 보인다. '이 몸이 태어나기 전에 그 무엇이 몸이며 세상에 태어난 뒤 내가 과연 누구인가.'라는 글귀를 눈으로 짚어가니 저절로 겸허해진다. 선뜻 자리에서 떠나지 못하고 하늘을 올려본다. 마주 보면 닮는다더니 구름 한 점 없는 하늘빛과 계곡물이 꼭 빼닮았다. 사시사철 물이 흘러도 산길은 보송하다. 모든 사물은 어우러지면서도 경계는 있어야 마땅하다. 흙과 물의 친하기가 과하면 질척거리듯이 결이 다른 사람들의 만남도 그러하지 않을까. 인생은 흐르는 세월 속을 헤엄쳐 가는 것처럼 미

"관여하지 않으면 속상함도 일어나지 않지요.
남에게나 내 몸에 연연하지 말고 살아요."
세속인들의 온갖 번뇌를 단번에 해결해주는 조언이 아닌가.
그렇지! 걱정하고 배려하는 일도 내 만족이고 욕심이겠다.

련이 없어야 한다.

절에 들어서며 두 손을 모은다. 비구니 스님들이 수행하는 도량이어서 더 경건해진다. 발소리를 죽이며 경내를 둘러봐도 스님들이 보이지 않는다. 댓돌에 놓인 자그마한 털신과 고무신이 가지런히 문 앞을 지킬 뿐이다. 묵언 수행을 다짐하며 대웅전 앞에서 예를 갖추고 소담한 뜰이 보이는 다선실로 향한다.

불교용품을 구경하고 있으니 나직한 목소리가 들린다. 회색 털모자를 쓴 스님이 창문턱에 기대어 내다보고 있다. 얼른 일어나서 두 손 모아 허리를 굽혔더니 스님이 미소를 머금는다. 갓 마흔을 넘겼을까, 같은 여자지만 비구니 나이는 짐작하기 어렵다.

"가장 조용한 날에 오셨네요. 이거 가져가세요."

스님이 작은 봉투를 들려준다. 노스님이 적은 입춘첩이니 때맞춰 대문에 붙이라는 당부도 잊지 않는다.

지금은 동안거 기간이라고 한다. 미루어 짐작하면 스님들이 겨울에 기도하는 기간이겠다. 스님이 보기에도 내가 불자로 보이지 않는지 종교를 묻는다. 천주교인이라는 대답에 자신도 수녀 친구들이 있다고 한다. 수녀와 스님, 마음 나누기에 좋은 친구겠다. 사춘기 시절, 교리 가르치는 수녀님이 멋지게 보여서 수녀가 되려던 적 있었다.

난생처음 스님과 긴 이야기를 나누고 있다. 트인 문을 사이에 두고 비구니의 맑고 깊은 눈빛에 빠져드는 동안 따스한 기운이 스며든다. 조곤조곤한 스님 말을 행여 놓칠세라 집중력에 힘을 준다.

"영이 맑으시네요. 우리 전생에도 만난 적 있었을 것 같아요."

영이 맑다는 소리는 가끔 듣던 말이지만 좋은 뜻이겠지. 스님과 마주 서서 말갛게 속을 드러내고 있으니 전생이든 현생이든 인연이 아닐까. 자신은 조실부모하여 큰올케 등에서 자랐다며 속가 이야기를 꺼낸다. 올케의 삶을 보면서 출가하기로 마음먹었다고 한다. 결혼하고 자식 키우며 사는 일이 어떻더냐고 한다. 묵언 수행은 저만치 물러난 지 오래다.

"스님, 결혼해서 사는 일도 녹록하지 않더군요."

"관여하지 않으면 속상함도 일어나지 않지요. 남에게나 내 몸에 연연하지 말고 살아요."

세속인들의 온갖 번뇌를 단번에 해결해주는 조언이 아닌가. 그렇지! 걱정하고 배려하는 일도 내 만족이고 욕심이겠다.

스님과 인사를 나누고 내려오는 걸음이 산뜻해진다. 이곳에도 봄이 오면 물소리 높아지고 산에는 연초록 물이 오르겠지. 절에서 만난 인연은 일주문을 나오면 끝나는 걸까. 내려오는 동안 이야기 나누던 스님 얼굴이 점점 흐려진다.

집에 돌아와 정갈히 앉아 스님이 준 봉투를 열었다. 입춘첩이 두 장이다. 한지 중앙에 방금 산에서 내려온 듯한 호랑이가 꼬리를 쳐들고 떡하니 앉아 있다. 얼룩 줄무늬에 왕방울 눈에 송곳니가 위로 뻗친 입속이 벌겋다. 왼쪽에는 '복혜구족福慧口足' 오른쪽엔 '입춘대길入春大吉'이라고 쓰여 있다. 세상만사 마음먹기 나름 아닌가. 스님의 덕담과 입춘첩도 받았으니 운수 좋은 날이다. 백매화 피듯이 모든 이들에게 선한 마음이 깃들고 더불어 행복했으면 좋겠다. 입춘첩, 시간 지켜 붙여야 한다는데 입춘 절기 드는 시각은 언제려나.

느티나무와 나

 지난봄, 시청에서는 어김없이 가로수 전지를 했다. 자랄 만큼 자랐다는 이유로 베어진 나뭇가지들이 길가에 아무렇게나 널브러졌다. 일시에 드러난 나무의 하얀 단면에서 나는 진액의 냄새가 처절하다. 어제까지 번듯하게 서 있던 나무들이 뭉툭 잘린 채 서 있는 모습이 마치 길 잃은 아이가 어찌할 바를 모르고 서 있는 듯하다. 가로수는 도시에 서 있다는 이유만으로 상가 간판을 가리거나 도로를 침범해서도 안 된다. 도시 나무는 밤이나 낮이나 사람의 간섭을 피할 수 없다.

 집으로 들어오는 골목 맞은편에 나무 한 그루가 누구의 간섭 없이 자란다. 나무를 처음 본 건 이사한 유월의 아침 낯선 동네를 산책하던 날이었다. 이슬에 젖은 담쟁이가 느리게 오르는 축대를 지나 집으로 접어드는 길 중간쯤이었다. 집 오른편으로 나 있는 길 건너에 늘어선 빌라 사이로 나뭇가지가 보였다. 햇볕을 제대로 받지 않아서인지 몇 장 되지 않는 잎을 달고 있는 모양새가 오종종하기 그지없다. 가까이 들여다보니 시멘트를 바르다 만 땅에 뿌리를 내리고 있었다. 땅을 남겨둔 것이 어느 미장이의 배려라는 생각에 이르자 마음이 따뜻해졌다.

처음엔 3층 집 베란다 오른편에 서서 내려다봐야 나무를 볼 수 있었다. 더디게 자라던 나무가 작년 여름에는 가지가 길 쪽으로 뻗어나서 엉성하긴 해도 제법 그늘을 만들었다. 음지에 뿌리를 둔 나무가 볕을 기다리지 않고 해를 찾으러 나선 것이다. 지나가던 사람들이 잠시 걸음을 멈추고 땀을 식히거나, 운전자들이 햇빛을 받지 않으려고 주차를 탐내는 장소가 되었다. 동네 풍경 속에 나무가 자리를 잡았다. 사람도 자주 보면 무심해지듯 매일 보는 나무에 새순이 돋든, 태풍에 휘청거리다가 단풍이 들고 앙상한 가지만 남아도 그저 그러려니 했다. 그러면서도 나무로 눈길이 갔다. 나는 나무의 사계절을 관망하는 사람이 되었다.

햇볕이 잘 드는 거실에 앉은뱅이책상을 놨다. 책상 모서리에 햇살이 슬그머니 내려앉는다. 평소와 다른 배경 탓인지 글이 도무지 나아가지 않는다. 눈을 비비며 창밖을 보자

때마침 일렁이는 신록이 눈앞으로 확 다가왔다. 일순 멈칫하다 쥐가 난 다리를 끌며 베란다로 나갔더니 세상에, 나무가 어느새 훌쩍 자라 골목 너비의 반 이상을 차지하며 연푸르게 너펄대고 있었다. 열악한 환경을 이겨낸 나무의 성장이 놀랍고도 기특했다.

사람들이 빠져나간 동네는 산비둘기 소리와 장사치의 호객 소리만 간간이 들릴 뿐 고요하다. 창밖에는 새순 다느라 여념이 없는 나무초리가, 조금 더 허리를 펴고 고개를 빼면 우듬지까지 보인다. 나무와 나는 길게 눈을 맞춘다. 지켜보노라니 어디서 많이 본 나무다. 곰곰이 기억을 되살렸더니 고향 정자에 서 있던 느티나무와 닮았다. 베란다 문을 열고 목을 늘여가며 내려다봐도 분명 느티나무다. 햇볕을 더 받으려고 한쪽으로 휘어지긴 해도 갸름한 잎을 조밀하게 매단 모습이 영락없이 고향에서 보던 느티나무다.

어디를 가나 쉽게 볼 수 있는 느티나무는 고향 정자에도 있다. 가까이에서 보면 동네를 지키는 늠름한 풍모의 장수처럼, 집으로 가는 윗길을 오르면 자식을 기다리는 품 너른 어머니 같다. 하늘로 향해 키가 크는 소나무나 플라타너스와는 달리 사방으로 균형을 맞추며 자란다. 오래된 마을의 느티나무는 언제나 고독한 성자처럼 홀로 서서 마을을 지키고 있다.

느티나무도 여름이 되면 외로울 새가 없었다. 더위에 지친 사람들이 느티나무 그늘로 찾아들었고, 이른 저녁밥을 먹은 할머니들은 모깃불을 피워놓고 느티나무 둥치에 기대고 앉아 치마폭에 안긴 손자를 토닥이며 재우곤 했다. 내 유년의 여름 풍경에도 할머니가 기대던 느티나무가 있다.

길 건너 나무와 정이 들어갈수록 내 걱정거리도 커진다. 느티나무가 반대편으로는 자랄 기미가 보이지 않고 한쪽으로만 쏠려 자라니 나무둥치가 대략 30도 가까이 굽어 버렸다. 이대로 간다면 사람들이 통행이 불편해질 것이고 사람들은 그늘의 혜택을 포기하고 나무를 잘라내려 할지 모른다. 봄날의 가로수처럼 전지 정도로 끝내면 다행이겠으나 사람들은 가을에 낙엽을 쓸어야 하는 불편을 기억하고 내친 김에 밑동을 자르자고 할 수 있다. 이런 걱정도 모르는 느티나무는 길어진 가지에 새순 다느라 여념이 없다.

꽃이 가장 향기로울 때는 지기 전이라고 한다. 나무도 잘려 나갈 때의 목질 냄새가 가장 진하다. 어느 목수는 옹이 진 나뭇결에서 짙은 피톤치드 냄새가 난다고 했다. 피톤치드, 나무가 자신을 포기하는 순간의 몸부림에서 나오는 물질이라 할 수 있다.

우리 동네 등 굽은 느티나무는 베어져도 아무짝에도 쓸모가 없다. 오래된 건물이 즐비한 동네에서는 빠질 수 없는 조경수이지만 죽으면 겨우 장작감이나 되려나. 작은 차반이라도 만들어져 오랫동안 향기를 전할 수 있다면 나무다운 삶을 살았다 하겠지. 오늘도 나는, 무심히 스치는 바람에 너울거리는 느티나무를 바라보며 주문을 건다.

'제발 좀 천천히 자라거라.'

웃기떡

　산 능선에 덧댄 연한 풀빛이 아슴푸레하다. 문을 나서면 아지랑이 아련하게 손짓하고 개울가에는 연분홍 물결이 너울거린다. 사월 꽃심이 들어서는가 분주한 마음이 산으로 앞장선다. 참꽃 따러 가야겠다.
　품 너른 산벚나무가 마을을 굽어보는 산길에 접어들었다. 숨소리가 귀에 차오를 즈음에 산 중턱에 다다랐다. 소나무와 편백이 비탈길에 뻗정다리로 서 있는 모양새가 속정조차 모르던 그 옛날 지아비가 저랬을까. 인생의 뒤안길에서 살아온 날들을 구구절절 말하자면 책 한 권이 될 거라던 어머니들의 타령처럼 꽃이 흐드러졌다.
　진달래는 시나 노래로 사람들의 정서 한 귀퉁이를 장식한다. 시어가 꽃향이 되고 리듬을 부추긴다. 진달래 피어 있는 산을 올려보면 파란 저고리에 연분홍 옥사 치마 입은 무희들이 버선발로 잘게 잘게 제겨디디며 춤추는 모습이 연상된다.

"꽃이 피었네. 꽃이 피었네. 건넛마을 김선달네 큰애기 얼굴 홍도화 피었네. 사주단자 받았다고 문밖출입 안 한다네. 니나노 난실 니나노 난실 얼싸 내 사랑아."

흥얼거리며 꽃 따고 있으니 지나가는 이가 어릴 때 먹었던 진달래는 컸는데 요새는 꽃이 작다고 꽃 투정한다. 자신이 어른이 되었음을 잊고 한 말이 아닐까. 참꽃은 누구에게나 아득한 추억을 소환시켜 주는 일렁임이 있다.

진달래는 먹을 수 있다고 하여 참꽃이라고도 한다. 진달래도 고운 이름이지만 참꽃이 더 정겹다. 진달래라 불러보면 혀가 굴러서 입이 다물어지지 않지만, 참꽃이라고 하면 말하는 입매가 얌전해진다.

생진달래를 먹은 기억이 없다는 생각이 떠오르며 새삼 호기심이 일어났다. 한 송이 따서 입에 넣고 단맛을 기대하며 미각 세포를 두드려본다. 얇은 잎의 식감이 혀끝을 감돌아 짓이겨지면서 살짝 쓴맛이 돈다. 거슬리지 않은 쓴맛이 사는 동안 꽃길만 아니었음을 깨닫게 해준다.

참꽃을 따는데도 나름의 규칙이 있다. 나 보기에 좋으니 지나는 이들도 즐겨야 하는 선물 같은 풍경임을 염두에 두

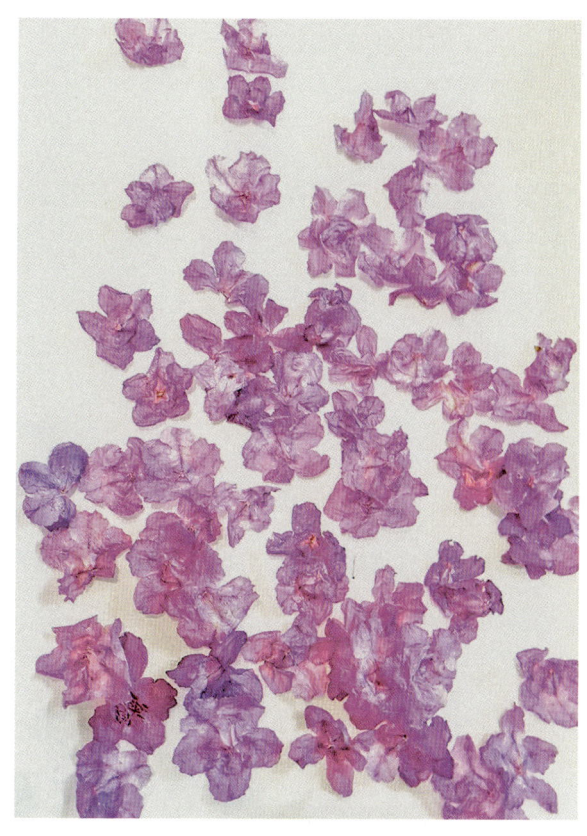

얇은 잎의 식감이 혀끝을 감돌아 짓이겨지면서 살짝 쓴맛이 돈다.
거슬리지 않은 쓴맛이 사는 동안 꽃길만 아니었음을 깨닫게 해준다.

어야 한다. 한 그루에 빈 곳이 생기지 않도록 따지 않은 듯 조금만 욕심을 부린다. 어린 꽃이 손의 온기에 상할세라 꽃받침을 잡고 섬세하게 그러나 단호하게 따야 가지가 상하지 않는다.

참꽃 몇 움큼 얻자고 여기저기 산을 누비다 보면 우연찮은 만남이 일어날 때가 있다. 봄기운에 겅둥거리던 어린 노루와 정면으로 마주친 적이 있었다. 행여 놀랄까 꼼짝 않고 있었더니 정신 차린 노루가 짧은 꼬리를 흔들며 순식간에 사라졌다. 저 노루는 무슨 심사를 이기지 못해 참꽃 흐드러진 산을 휘휘 다닐까.

꽃을 말리는 일은 손이 많이 가는 편이다. 산에서 돌아오자마자 꽃을 씻어 물기를 걷는다. 독성이 있다는 암술과 수술을 일일이 떼어내야 한다. 한참 손질하다 보면 손끝 맑은 분홍 물이 들고 손톱 밑에 잔향이 돈다. 두 손 모아 향기를 가두어본다. 상긋한 향기가 아주 짧게 스친다.

큰 프라이팬을 은근히 가열하고 광목천을 두 번 접어 반만 깐다. 해마다 차 덖을 때 쓰던 천이라 찻물 꽃물 흔적이 얼룩덜룩하다. 해묵은 광목천 위에 면포를 깔아 참꽃 송이송이 수놓는다. 남은 광목천 자락으로 지긋이 덮어놓고 차 한 잔 여유를 즐기고 나면 습자지처럼 가슬가슬해진다. 밀봉하여 보관해 두면 눈으로 즐기는 차가 되고 요리 고명이 되어준다.

  돌아가시기 몇 해 전, 시어머니는 대 이어 물려받는 조상 제사를 합제로 바꾸자고 했다. 표면적인 이유로는 며느리 힘을 덜어주기 위함이었다. 이미 책임지고 있는 제례를 파기하고 싶지 않아서 짐짓 단호하게 거절했다. 조상 메(밥) 지어 올리는 일은 며느리에게는 보이지 않는 힘이 된다. 나에게 제사는 자식을 위한 작은 기도이기도 하다. 시류를 타고 산다지만 한 세대 마무리는 하고 싶었다.

  이듬해가 되자 시어머니는 제기를 바꾸자고 했다. 물에 씻어도 오래간다는 물푸레 목기로 선택하더니 수저도 당신 것까지 여섯 벌 맞춰서 나에게 안겨줬다. 할머니들 제사를 합제로 돌렸으면 큰일 날 뻔하지 않았는가!

  음력 삼월이 되면 긴장이 된다. 새 달력에 행여 놓칠세라 적어놓은 날짜를 보고 또 보곤 했는데 올해는 양력과 음력 날짜가 나란해서 날을 기억하기 수월하다. 증조할머니, 할머니. 어머니까지 시댁의 안주인들은 약속한 듯이 춘삼월에 세상을 떠났다. 호미를 내던지고 누워보니 떠나는 날이었던 할머니도 있었을 것이다. 세상을 등지기엔 안타까운 봄날이다. 언젠가 내가 이 땅에 안녕을 고하는 날도 삼월 어디쯤일까.

  나는 좋은 시절을 만난 며느리이다. 부부지간을 비유하던 땅과 하늘의 경계가 없어졌고, 아들 낳아야 하는 눈치 보지 않아도 되는 세상에 살고 있다. 먼저 사신 어머니들에게 미안한 마음이 들어서 제례 전통이라도 유지하려고 한다. 요즘 세태를 보면 혀를 끌끌 찰지도 모를 시할머니, 올해는 참꽃이 참하게 올려진 웃기떡 드시면서 잠시 웃으소서.

  봄이야 오든지 말든지 할 때가 있었다. 해야 할 일이 빼곡하던 시절은 아침인가 하면 밤이었다. 참꽃에 함뿍 젖는 나이가 되고 보니 지금이 호시절이 아닌가 싶다. 이 봄, 만물을 다 깨워 꽃 축제만 펼쳐놓고 무심히 떠나겠지.

스며들다

 가을바람이 박하 향내를 담은 듯이 청량하다. 순한 가을 꽃들이 만산을 수놓는 한 해 중 가장 행복한 철이다. 누렇게 익은 들을 바라보고 있으면 추수할 논 한 마지기도 없으면서 농부가 된 것처럼 흐뭇하다. 싸늘해진 날씨 탓일까? 가끔 이유도 모를 외로움이 붉은 노을처럼 가슴에 번지면 애써 일거리를 만들어 내 영혼의 씻김 의식을 치른다.

 '천고마비'라더니 주말 밤이 되자 가족들은 입이 심심한지 군것질거리를 찾는다. 모처럼 화전을 해줄 요량으로 냉장고를 뒤적거려 본다. 간식이 필요할 때면 가끔 화전을 지져 내놓곤 한다. 화전보다 꽃 이름을 붙여 ㅇㅇ꽃 전이라 부르면 더 정감 있다.

 오늘은 맨드라미와 홍화를 사용하기로 하였다. 맨드라미

어쩌다 간단치 않은 일로 마음을 다치고 돌아서는 날이면
등 뒤로 외로움이 물안개처럼 스멀스멀 피어오른다.
조붓이 앉아 제 고운 물 아낌없이 우려내는 꽃차를 가만히 바라다보며
고요히 성찰하는 것도 좋은 방법이 된다

와 홍화를 따로 꽃물을 우려내어 찹쌀가루에 부어 익반죽해 둔다. 프라이팬에 약간의 기름을 두르고 반죽을 적당한 크기로 동그랗게 빚어 납작하게 눌려가며 지져낸다. 그 위에다 맨드라미 꽃잎 끝을 조금 잘라 웃고명을 하면 제법 운치 있는 간식거리를 즐길 수 있다. 꽃물이 스며든 식구들의 마음에 웃음꽃이 피어난다.

  어쩌다 간단치 않은 일로 마음을 다치고 돌아서는 날이면 등 뒤로 외로움이 물안개처럼 스멀스멀 피어오른다. 누구에게라도 위로를 받으려면 입에서 말이 나와야 하기에 망설이는 동안 어느새 흙탕물이 일던 마음이 가라앉는다. 조붓이 앉아 제 고운 물 아낌없이 우려내는 꽃차를 가만히 바라다보며 고요히 성찰하는 것도 좋은 방법이 된다. 혼술, 혼밥이라는 단어가 생길 정도로 경쟁에 지쳐 혼자만의 시간을 즐기는 현대인들에게도 술보다는 꽃차를 권하고 싶다.

  어느 해 홍화가 좋다는 글을 읽고 꽃차를 만들기 시작했다. 붉다고 하여 홍화라고 하고 이롭다고 하여 '잇꽃'이라고도 한다. 콕 집어 좋은 꽃이라고 하는 것 같다. 잇꽃은 매달 여자들만 겪는 고통을 줄여주는 효능도 있다. 가까운 이들과의 차 나눔을 할 요량으로 해마다 한여름이면 지리산 지인에게 부탁하여 홍화를 주문한다.

  잇꽃은 온몸이 가시투성이로 쉬이 자신을 내어주지 않는

다. 고무로 코팅된 장갑을 끼고 손질해도 손 여기저기에 가시에 찔리는 고통을 감수하면서 꽃을 다듬어야 한다. 화원에서 농약을 쓰지 않는다지만, 먼지라도 씻어내려고 물을 받아놓고 꽃잎이 다치지 않게 살짝 씻어 물기를 빼놓는다.

전용 프라이팬에 약한 불을 맞춰놓고 광목천을 깔아서 꽃봉오리를 하나하나 올린다. 콧등에 땀방울이 맺히고 얼굴이 달아오르면 광목은 화려한 꽃밭이 된다. 대여섯 번은 덖어야 변하지 않은 곱고 향기로운 꽃차를 얻을 수 있다. 꽃차를 배운 적은 없으나 해마다 시행착오를 겪어오면서 나만의 비법이 생겼다.

예년과 달리 너무 더워서 식품건조기에 말렸더니 아뿔싸! 색도 향기도 작년만 못한 게 아닌가. 정성 없이 좋은 결과를 바라는 것은 얼마나 어리석은가. 식물이 온 힘을 다해 피운 꽃을 겸허히 거두고 꽃잎 한 장도 조심스러운 과정은 조용한 수행이 된다.

계절마다 주위를 조금만 둘러보면 꽃 천지이다. 꽃은 차로 쓸 수가 있는 것과 없는 것을 잘 구분하여야 한다. 봄날이면 하얗게 피어오르는 목련은 버선코를 내려다보고 걷는 소복한 여인을 닮았다. 봄기운으로 먼저 개화하였다가 볼품없이 시들어 떨어지는 모습은 처절하기 그지없다. 그래서 나는 목련꽃을 차로 만들기를 꺼린다.

이른 봄이면 산등성이를 물들이는 진달래꽃이 반가운데 차도 좋으나 화전의 좋은 재료가 되기 때문이다. 화전 꾸밀 꽃을 따느라 분홍의 봄날은 짧다. 가을이면 국화로 화전을 지져내기도 하는데 맛과 모양이 진달래 화전만 못하다. 진달래는 약간 단맛이 돌지만, 국화는 서리를 맞아서 그런가 씁쓸한 맛이 돈다. 국화차 첫물은 한번 우려서 버리고 두 번째 우러나온 찻물이 좋다. 가을꽃은 자잘하고 수더분하여 유년의 고향이 떠올려진다.

봄부터 여름 내내 흔히 볼 수 있는 애기똥풀꽃이다. 줄기를 자르면 나오는 진액이 아기 기저귀에 올라앉은 노란 똥과 흡사하다. 누군가의 어미가 이름을 지었나 보다. 아기의 노란 똥은 건강하다는 증거이니 어미는 기저귀 빨래의 고단함은 잊고 자식의 똥이 참하게 보였을 것이다. 독성이 있어 식용으로 쓸 수는 없으니 조심해야 한다. 여름이면 맨드라미, 과꽃, 도라지꽃, 달맞이꽃을 꽃차로 쓸 수가 있다. 가을이면 구절초, 국화, 코스모스가 있으며 겨울이면 동백 봉오리도 차 재료가 된다. 산천초목을 돌아보면 차 재료가 되고 약재가 많을 것이다. 지금은 글로 배우는 정도의 실력이지만 차차 꽃차를 더 알아가려고 한다.

가을은 남자의 계절이라는데 나는 시월이 좋다. 쉬이 달뜨지 않고 켜켜이 결실이 쌓이는 풍경이 얼마나 좋은가. 단풍 지는 허허로운 날, 빨간 손 흔드는 고운 단풍은 얼마나 반가운지. 걸어온 길이 아득한 지금, 넉넉한 마음 창고 지어 놓고 누구라도 청하여 차를 나누고 싶다.

지리산 단풍 소식이 들리고 뒷산 새들 지저귐이 뜸해졌다. 안타까운 가을은 이미 먼 여행을 떠날 채비를 하는가 보다. 아직 여름 잇꽃 차에 젖어 있는 지금 인생의 가을 어디쯤 와 있을까? 차반에 놓인 유리 다관에 마른 잇꽃이 천천히 우러나고 있다.

애기분홍낮달맞이

새벽빛이 어슴푸레하다. 식물들은 새벽마다 롤 스크린이 올려지길 학수고대하며 내 기척을 기다린다. 밤공기로 눅눅한 베란다에 선풍기를 틀어놓고 일일이 식물들의 변화를 살펴보며 말을 건넨다. 스며오는 햇살을 받은 식물은 휴대전화 갤러리 작품이 된다.

얼마 전, 분갈이한 쑥부쟁이 화분에서 낯선 식물이 올라왔다. 줄이 너무 가녀려서 사진에 담을 생각도 하지 않았는데 오늘따라 눈길을 끈다. 옹기 단지 앞에서 분홍색 점이 하느작거렸다. 자세히 보자니 눈동자가 미간으로 모일 지경이었다. 미소녀처럼 새초롬히 앉은 분홍 꽃이 시선을 끌어 놓아주지 않는다.

거실에 앉아서 보고 있자니 연붉은 점처럼 보일 정도여서 눈이 절로 찌푸려진다. 엉덩이 걸음으로 다가가서 보니 딸내미 귀찌 해주면 딱 좋을 크기다. 작은 분홍에 빠져서 꺼벙하게 앉아 있다가 이웃집 압력밥솥이 김 빼는 소리에 화들짝 정신을 차렸다. 쌀을 씻으면서 마늘을 빻으면서도 머릿속은 항아리 앞에 있는 꽃에 가서 앉는다.

아홉 살 때 10원짜리 동전 몇 개로 만화방에서 종일 보내다가 난생처음으로 쫓겨난 장면이 확 떠올랐다. 혼날 정도로 만화책에 눈을 떼지 못한 이유는 만화 속 나쁜 공주가 맘이였기 때문이었다. 착한 공주를 찾느라 늦은 사실은 핑계로 대기엔 어린 나이에도 무리가 있었다. 유년의 한글 배우기는 껌 속에 들어 있던 만화 내용을 알기 위해서였다. 저 꽃이 무엇인지 알기는 식은 죽 먹기인 세상이다. 솥에서 밥 냄새가 나기 시작하면서 주방이 여유로워졌다.

검색해보니 '애기분홍낮달맞이'이라고 한다. 달맞이꽃이 밤에만 피어 이름을 지은 것처럼 차라리 '해맞이 꽃'이 더 어울린다는 생각을 했지만 이내 마음을 고쳐 쓸데없는 생각이라 여겼다. 만물의 이름에는 다 이유가 들어 있지 않은가. 달의 기운이 남아 있는 시각에 꽃이 피니 당연히 '낮달맞이'라고 할밖에…. 요 깜찍한 식물에 이름을 지어준 작명가는 뉘신지.

어릴 적 숙제 공책에 막냇동생 똥이 묻어 있는 걸 본 이후

옹기 단지 앞에서 분홍색 점이 하느작거렸다.
미소녀처럼 새초롬히 앉은 분홍꽃이 시선을 끌어
놓아주지 않는다.

로 소원을 빌었던 적 있다. 딱 하루라도 외동딸이 되거나 막내가 되는 거였다. 단출하고 깔끔하게! 신기롭게도 철들면서 친구로 삼으면 거의 막내딸이었다. 학교를 파하면 내 등에 있던 동생처럼 귀엽거나 감성 충만한 친구였다. 분홍애기낮달맞이꽃을 보면 킴의 얼굴이 떠오른다.

 킴은 나의 직장 동료이면서 동갑내기 친구였다. 베이비붐 세대라는 것 빼고는 도무지 같은 점이라고는 없었다. 책상이 가까워서 그런지 서로 탐색하는 동안 친구가 되었다. 킴은 작은 인형이었다. 형제자매가 많은 집 막내답게 귀염성 있고 붙임성이 있었다. 뽀얀 얼굴에 갈색 머리카락에 몇 가닥 섞인 금발이 반짝일 때마다 나는 자체 발광 중이냐며 농을 던지기도 했다. 쌍꺼풀 없는 눈이 어찌나 크고 깊은지 미소를 지어도 눈물이 찰방거리는 듯했다. 여기까지 읽으면 혹시 외국인이 아닌가 할 수 있지만 분명 한국인이다.

 신입사원 시절, 출근하여 책상 정리를 끝낼 즈음에 킴이 보이지 않았다. 화장실 변기에 앉아 훌쩍거리는 킴을 발견했다. 얼마나 속상했는지 코끝이 빨개져 있어 나도 모르게 등을 토닥거렸다. 속상해서 우는 사람에게는 곁을 지켜줄 뿐, 연유는 묻지 않는 게 낫다. 킴은 늦둥이로 자당의 애정이 풍부한 환경에서 자랐을 것이다. 슬프거나 속상하면 자거나 불현듯 일어나 빨랫거리를 꺼내는 나와는 다른 감성파 친구였다. 우는 막내와 화나면 더 굳어지는 맏이가 서로 낯선 '갬성'을 지켜주면서 친해지고 있었다.

  월급날, 나는 누런 월급봉투를 소중히 가방에 넣어 집으로 향했고, 킴은 주말에 남포동에 갈 일정을 짰다. 월급 다음 날은 여직원회의 우리 동갑들만 뭉치는 날이기 때문이다. 언니가 셋이나 있는 킴의 정보력은 대단히 쓸모가 있어 우리 청춘극장의 매니저가 되었다. 용돈을 받아서 쓰는 나는 토스트 한 장으로 점심값을 아껴야 남포동 축제의 장에 가끔 가담할 수 있었다. 직장 뒤쪽 골목 담벼락에서 한 곳만 있는 토스트 단골 노점이 있었다. 아주머니가 철판에 버터 묻히는 손놀림을 같이 바라봐주던 미스 김은 용돈을 마음대로 쓸 수 있는 친구였다. 킴이 아니었으면 20대는 밋밋했을 것이다.

  킴은 결혼하고픈 남자가 생기면 나에게 초벌 선을 보게 했다. 가끔 발휘되는 나의 직감력은 킴이 미시즈가 될 때까지 이어졌다. 서른도 채 되지 않은 내가 고른 남자가 자당 마음에도 들었는지 사윗감으로 인정되었다. 킴은 애교를 받아주는 곱살한 남자와 인연을 맺었다. 돌이켜보면 배꼽을 잡고 웃을 일이지 않은가. 친구가 친구 남편을 선보다니…. 동갑이 골라준 남편과 사는 여자는 모르긴 해도 킴밖에 없을 것이다.

우리는 서로에게 성공적인 결혼생활을 하고 있는지 물어보지 않아도 서로 짐작할 나이가 되었다. 킴도 나처럼 새삼 엄마가 되어 불뚝거리는 어머님의 아들 다독이며 밥상 앞으로 이끌어 국그릇 밀어주고 있겠지.

사무실에서 근심 없이 웃던 킴이 보고 싶다. 요즘에서야 감성 늦둥이가 된 나의 이야기도 들려줘야겠다. 아껴 둔 눈물이 때때로 그득 차올라 누구라도 톡 치면 주르륵 흘러 난감해지곤 한다. 킴은 지금도 나와 다른 감성을 지녔을까. 애기분홍낮달맞이꽃이 해 저무는 베란다에 앉아 차차 사그라지고 있다.

PART 2
진경 찾아가는 길

윤이월 끄트머리에 서서 • 뚜벅이, 전동 바이크 타다 • 나팔꽃 피는 날 • 진경 찾아가는 길 • 우도의 봄날 • 날파리와 능구렁이

윤이월 끄트머리에 서서

 동물 중에 인간 포유류가 가장 오래 생존하고 있다. 스스로 만물의 영장이라 칭하며 못할 일이 없다는 자신감에 차 있다. 인간이 자연 속으로 드나드는 것은 당연하지만, 산에서 짐승이 내려와 얼쩡거리거나 드나들면 불편하게 여긴다. 산천 어딘가 선점하면 사람이 사는 공간이 된다. 자연계에서 낯두꺼운 배짱으로 비교할 상대가 없다.
 산을 파헤치는 장면을 보면 안타깝다. 공기가 삶의 질을 좌우한다면 자연의 허파 역할을 하는 산은 아무리 많아도 부족함이 없지 않은가. 수십, 수백 년 수령의 나무를 베내고 땅의 벌건 속살을 헤집어가며 원하는 모양의 땅으로 만든다. 그곳에 터 잡고 살던 짐승은 어디론가 도망가느라 얼마나 바빴을까. 굽이굽이 흐르며 스스로 자정하던 물길도 사람이 손대면 성급하게 흐르거나 지하에 묻혀버린다.

비가 오려는지 하늘이 잔뜩 흐리다. 두어 시간 걷기로 작정하고 집을 나섰다. 마음 같아서는 뒷산 가파른 길을 오르고 싶으나 산길 초입에 멧돼지 출몰 경고 팻말이 떡하니 세워져 용기가 나지 않는다. 수많은 사람이 오르락내리락해도 멧돼지에 물려 다쳤다는 소식은 아직 들은 바는 없다. 다만 강한 송곳니 드러낸 짐승과 독대하는 상상은 걷어낼 수가 없어 산을 뒤로하고 신어천으로 향한다.

인적이 뜸한 아랫길에 접어들자 어김없이 개가 서성이고 있다. 요즘 세상에 목줄이 없으니 들개가 분명하다. 자주 만나서인지 녀석은 불편한 나의 속마음을 알아챈 것처럼 점잖게 앞서서 총총히 사라진다. 처음 녀석과 마주쳤을 때는 온몸의 피가 발로 쏠리는 듯 옴짝달싹하지 못했다. 정신을 가다듬어 뒤돌아 줄행랑칠까 했으나 '멧돼지 대응하는 요령' 중의 한 문구가 떠올랐다.

녀석은 꽤 점잖은 편이다. 멀찍이 서 있다가 내가 다가가면 길을 터주듯 제 갈 길을 간다. 익숙한 사이가 되니 자세히 살펴보는 여유가 생겼다. 우선 눈빛이 선하다. 마르긴 해도 발달한 상체와 쭉 뻗은 다리, 꼬리는 올라 있고 꼿꼿이 선 귀와 짧은 하얀 털로 보아 진돗개의 당당한 형질을 물려받았을지도 모른다. 소시지라도 사서 주고 싶으나 행여 주인으로 여길까 봐 어설픈 마음은 거두었다.

빗방울이 성글게 떨어진다. 신어천에 난 풀들이 한층 더 푸릇푸릇해져서 싱그러워지겠다. 평소라면 보이던 재두루미나 청둥오리 무리가 보이지 않는다. 가끔 물고기가 펄떡이던 물속도 잠잠하다. 그간 비가 오지 않았다. 수초 사이를 흐르는 물길에 힘이 시릴 정도로 비가 내리면 좋으련만, 봄비는 찔끔 내리고 말겠지.

천천히 상류 쪽으로 걸었다. 수생식물들 사이로 노란 꽃창포가 무더기로 피어있다. 여기저기 기지개를 켠 수초들을 들여다보다가 건너편에서 바위틈을 들락날락하는 짐승이 눈에 들어온다. 다람쥐인가, 혼잣말로 중얼거리고 있으니 지나던 아주머니들이 하나둘 몰려들었다.

"하이고! 다람쥐 아니고 족제비 새끼네요."

족제비라는 말에 실눈을 떠가며 시력을 맞추어본다.

"보기에는 작고 귀엽게 생겼지요. 저놈이 세상 흉측한 놈입니더."

짙은 갈색 털과 아담한 몸체, 동그란 귀에 작은 얼굴의 생김새가 귀엽기만 하다. 저 앙증스러운 녀석이 날카로운 이빨을 숨기고 있다니 믿기지 않는다. 어릴 적 시골에 살았어도 족제비를 구경한 적 없고 여인들 목을 감싸고 있던 족제비 목도리를 기억하는 정도이다.

개여울 주변에서 족제비 성토대회가 열렸다. 닭장에 침입해서 닭을 물고 갔다는 둥, 여러 마리의 닭을 몰아가며 다 물어 죽이고 쥐나 뱀도 잡아먹는다고 한다. 족제비 뒷담화가 이어지고 있다. 눈앞에 새끼 족제비는 제 종족을 욕하는지도 모르고 먹거리를 구하느라 몸을 늘여가며 바쁘다. 마침내 족제비가 사라지자 사람들은 가던 길로 떠난다.

좀 더 위로 오르니 새 떼가 하늘을 메우고 있다. 비가 내리면 새들은 날개를 접을 터인데…. 생경한 광경에 사진을 찍으려고 여러 번 시도해보지만 어떻게 눈치를 챘는지 잽싸게 피하듯 흩어진다. 가만, '삼월 삼짇날 강남 갔던 제비가 돌아온다.'라는 말이 있지 않던가. 윤이월이지만 기억에는 집 처마 밑에 제비가 날아들 즈음이다. 그러고 보니 제비를 잊고 살았다. 제비가 둥지를 틀면 마루 끝이 새똥 범벅이 되어도 귀찮아하는 식구가 없던 인정스럽고 소박하던 시절이 있었다.

사진 찍기를 포기했더니 그 사이 새들이 새까맣게 몰려와 규칙적으로 물 위를 잽싸게 스치어 날아오른다. 연미복을 입은 듯한 새들의 군무를 보고 있자니 '물찬 제비'가 따로 없다. 우산 위에는 빗방울 연주가 점점 경쾌해지고 제비들의 날렵한 춤사위가 멋들어진다.

봄은 생기가 충천하여 만물이 잠에서 깨어난다. 겨우내

굶주렸던 짐승들이 허기를 채우고 사람들도 일 년 농사를 계획하느라 분주하다. 집에 돌아와서도 부지런히 먹거리를 구하던 새끼 족제비가 잊히지 않는다. 어미에게서 물려받은 지식을 바탕으로 자연의 섭리대로 사는 것이 만물의 당연한 이치이건만 족제비를 보며 교활하다고 한다. 동물과 달리 사람은 쟁여놓고 먹을 줄 알아서 만물 중에 탐욕스러운 영장이다. 윤이월이 얼마 남지 않았다. 비를 맞으며 헛소리를 했다. 봄이다. 봄이 더 찬란해지면 신어천에 살아 있는 것들은 더 충만해지겠지.

뚜벅이, 전동 바이크 타다

칠월이 후다닥 끝나버렸다. 어정쩡하게 지내는 가운데 한 해의 큰 토막이 떨어져 나갔다. 느릿느릿하던 걸음이 점점 빨라지고 공연히 조급해진다. 세월이 더 속력을 내기 전에 나만을 위한 여행을 떠나고 싶다. 운전을 포기하지 않았더라면 지금이라도 훌쩍 떠날 수 있는데.

나는 뚜벅이다. 급히 외출할 일이 생기면 집 앞에서 택시를 부르는 날도 있으니 엄밀히 말하면 반 뚜벅이라 하겠다. 뚜벅이가 대중교통을 이용하려면 어느 정도의 소양이 필요하다. 수많은 사람의 엉덩이가 스쳐 간 시트가 찢어져 있어도 털털하게 앉아야 하고, 때로는 취향과 맞지 않은 음악과 함께 택시기사의 넋두리를 들어야 하는 인내심도 필수이다.

허물없이 지내는 사람들에게 민폐를 끼칠 때도 있다. 모임이 파할 즈음이면 꽤 늦은 시간이어서 지인들은 나의 귀가 방법을 의논하는 동안 뻘쭘하게 기다려야 한다. 생긴 건 오토바이도 몰고 다닐 여자 같은데 뭐가 그리 무서워 운전대를 잡지 못하느냐, 차 없이 어찌 다니느냐는 걱정을 덤으로 듣곤 한다. 무엇보다 운전면허증이 없다는 사실에 심란할 때가 있다.

운전 연습이라고는 남편에게 몇 시간 배운 게 다였다. 서른 살이 되던 해, 남편으로부터 운전면허증을 따면 차를 사주겠다는 제의를 받았다. 편하게 술을 마시고 싶은 속내를 짐작했지만 내 명의의 자동차를 상상하며 흔쾌히 그러겠노라고 했다. 그의 말이 떨어지자마자 핸들을 잡았다. 노련한 강사의 수업이 시작되었다. 브레이크, 액셀러레이터, 클러치, 핸들 방향키… 차도 조마조마한 내 마음을 눈치챈 것처럼 천천히 앞으로 나아갔다. 얼마나 지났을까, 내심 뿌듯해지려던 찰나, 다급한 강사의 목소리가 들린다.

"어어어 브레이크 브레이크…!"

방향을 잃은 발이 뒤늦게 브레이크를 찾았을 때 차는 이미 담장에 코를 박고 있었다. 재개발 지역의 헐릴 집이라 물어줄 일은 없어 다행이었지만 아끼던 차가 찌그러졌다. 강사의 극에 달한 짜증이 당황한 나에게 덮쳤고 꼬장꼬장한 심지가 여지없이 부러졌다. 평생 들어보지 못할 짜증을 들으며 속으로 중얼거렸다.

'그래, 잘났네. 나보다 운전을 잘해서.'

엄발이 발톱을 세웠다.

'그래, 평생 나 태우고 다녀봐라.'

나 자신에게 화를 내고 있었다. 잠시 심호흡하고 이성을 잃지 않으려고 애를 쓰며 차에서 내렸다. 차 문을 최대한 친절히 닫아주고 꼿꼿하게 등을 폈다. 버스 정류장을 찾는 발걸음마다 화살 같은 고함이 등에 꽂혔다.

20여 년이 흘러도 차에 대한 겁은 여전하다. 운전대를 처음 잡은 날의 기억은 운전을 배울 용기를 쪼그라들게 했고 지금까지 뚜벅이로 살고 있다. 친구들은 애초에 학원에 가서 제대로 배웠더라면 사정이 달라졌을 것이라고 도전해보라며 부추기곤 한다. 도대체 운전면허증을 따기 위해 제대로 노력이나 해봤냐는 물음에 뚜벅이로 사는 것도 나름대로 괜찮다는 옹색한 변명을 댄다.

외출이 잦아질수록 운전대를 다시 잡아볼까 싶다가도 기억 속 똬리를 튼 사고의 무섬증이 불쑥 튀어나온다. 하던 일에 운전이 필요했더라면 뚜벅이는 면했을지도 모른다는 핑계와 그렇게 무서우면 대중교통도 이용 못 한다던 남편의 은근한 타박이 줄어들고, 불안하다면 굳이 하지 말라는 딸의 말도 거들어 자의 반 타의 반 운전을 안 하기로 마음 굳힌 지 오래되었다.

　올해 들어 훌쩍 떠나고 싶은 날이 예약도 없이 찾아든다. 빈 하늘처럼 허전한 날에는 녹음이 짙어가는 고요한 오솔길을 아무도 없이 걷고 싶다. 이파리 촘촘해진 나뭇가지에 새들의 날갯짓이 바쁘고, 바짓단을 스치는 들꽃이 정겨운 곳, 무심한 걸음에도 저마다의 몸짓으로 꼬리 흔들어 주는 강아지풀 늘어선 길이면 더 좋겠다. 마음 닿는 길에서 있는 그대로 자연이 던져주는 고마움을 안고 징검징검 걷다 보면, 인생살이 중에 거슬리고 곱씹을 일도 사라질 것이다. 말 건네는 이 없고 바람 소리 물소리만 들리는 여행지는 대부분 혼자 운전해서 가는 곳에 있으니 홀로 여행은 의미 없는 희망이다. 곁에 있어 같이 행복한 딸들과 여행하는 것으로 위안을 한다.

　주말 아침, 작은딸이 전동 바이크를 타러 가자는 제안을 했다. 기억도 희미한 자전거를 탄 경험을 떠올리며 바이크장으로 향했다. 넓게 드리운 나무 그늘을 지나자 전동 바이크가 줄줄이 들어선 가게가 보였다. 묵직하게 세워진 바이크를 보니 타보기도 전에 넘어질까 걱정이 앞섰지만 두 개의 광폭 타이어가 불안감을 덜어주었다. 헬멧을 쓰고 왼쪽은 브레이크, 오른쪽이 변속기라는 주인장의 설명을 꼼꼼히 듣고 시동을 걸었다. 긴장한 탓에 팔에 힘이 들어가기는 해

훌쩍 떠나고 싶은 날이 예약도 없이 찾아든다.
마음 닿는 길에서 있는 그대로
자연이 던져주는 고마움을 안고 징검징검 걷다 보면,
인생살이 중에 거슬리고 곱씹을 일도 사라질 것이다.

도 조금씩 중심을 잡을 수 있었다. 오, 조금씩 전진하는 바이크! 하지만 감동도 잠시, 지긋지긋한 조심성이 급히 끼어들었다. 바이크는 속력을 더하지 못했고, 위험을 대비하려는 듯 두 발이 바닥을 쓸었다. 누가 봐도 우스울 장면에 딸의 응원이 따라왔다.

"엄마, 잘하고 있어요. 이제 몇 번 더 연습하면 우리 나란히 달릴 수 있겠어요."

자식의 응원은 자전거 타던 감각을 되살렸고 두 발은 바닥을 벗어났다. 전동 바이크를 타는 청춘들이 짙푸른 바다의 물고기처럼 싱싱하게 지나갔다.

새삼 늦은 꿈을 꾸기 시작한다. 전동 바이크를 타고 가로수 일렁이는 여행길을 멋지게 달리고 싶다.

나팔꽃 피는 날

　석인아, 이 편지를 받을 무렵이면 일과를 마친 시간이겠구나. 올해는 더위마저 서둘러와서 더 힘들지는 않은지. 고모는 아들이 없어 네가 군대 가는 일이 신기하면서도 막연한 걱정을 한다. 군대 가기 전날, 인사하러 와서 활짝 웃어주고 돌아서던 모습이 아직도 생생하다. 나라에서 불렀으니 먹고 자는 일이야 괜찮을 것이고 입대할 때 모습 그대로 보내주겠지.

　고모 집 베란다에서 나팔꽃이 피었다. 지난밤에 만년필 촉을 닮은 봉오리가 부풀어 있더니 약속한 것처럼 오늘 한 송이 청보라 꽃이 해를 향해 있었어. 네가 군대에 가 있어서 그런가, 텔레비전에서 보았던 트럼펫이 떠오른다. 평소에 나팔꽃을 봐도 피었거니 했는데 화분에 심은 나팔꽃이 현충일에 핀 것이 신기하여 덩굴 아래 앉아서 한참 들여다보았다. 너도 기상나팔 소리에 어김없이 일어나겠지.

우리가 보기엔 나팔꽃이 아침에 잠시 피는 듯해도 한 송이 개화를 위해 몇 달 동안 노력하더라. 노지에서와는 달리 부족한 일조량에 공기의 순환도 순조롭지 않은데. 나팔꽃 씨앗이 껍질을 머리에 이고 얼굴을 내밀었을 땐 네가 신생아 때 유아 모자 쓴 것처럼 귀여웠어. 본잎이 나길래 줄을 매달아 주었더니 덩굴손이 부지런히 오르며 잎을 만들고 잎은 날마다 작은 봉오리를 품더라.

삼월 초순이었던가. 부산 강서구에 있는 오봉산에 갔었다. 그곳은 산등성이가 낮아서 텃밭이 많은 곳이야. 대나무 울타리에 나팔꽃 마른 덩굴손이 감긴 채로 꼬투리를 총총히 달고 있었어. 살짝 건드렸더니 까맣고 단단한 씨앗이 확 쏟아지더구나. 씨앗이 쥐똥보다 작아서 손바닥 우물을 만들어가며 호주머니에 넣어 왔지. 화초들로 복닥복닥한 베란다에 나팔꽃은 왜 심고 싶었을까.

올해 현충일은 일요일이 모셔왔네. 쉴 수 있는 날이 줄어서 조금 섭섭하겠구나. 군대서 처음 맞는 현충일은 어떠니. 현충일이 되면 생각나는 두 분이 계신다. 가까운 친척이니 기억해두렴. 너에게는 종조부와 재종조부가 되고 나에게는 숙부, 종백부가 되니 두 분은 사촌지간이다.

동작동 국립현충원에 계시는 숙부 이야기를 먼저 할게.

제사가 들 때마다 뵈었고 삼 년 전에 돌아가셨으니 너도 기억날 거야. 그분이 '인헌무공훈장'을 수훈했다고 하는구나. 인헌무공훈장은 대한민국 다섯 번째 높은 무공훈장이며 인헌仁憲은 고려시대 강감찬 장군의 시호라고 한다.

 1968년 울진 삼척지구 무장공비 침투 사건이 있었어. 나도 교과서에서 배웠을 정도로 당시의 긴장감을 짐작할 수 있는 사건이야. 중대장이었던 숙부가 총을 쏴서 공비를 사살했는데 수급을 올리라는 상급의 지시에 불응했단다. 이념의 차이로 남과 북이 갈라졌을 뿐, 거슬러 올라가면 한겨레의 자손인데 주검을 함부로 대하기는 쉽지 않은 일이지. 군인은 무조건 명령에 복종해야 하니 약하게 처리하여 보고했다고 하더구나.

 무공훈장의 내력은 숙부가 돌아가시고서야 알게 되었다. 자식이나 조카들에게 훈장을 내로라며 보여준 적이 없었어. 사람의 목숨을 거둔 일이 자랑할 일이 아니라는 숙부 속마음이 짐작된다. 돌이켜 생각해보면 해마다 술에 취해서 주무시던 때가 있었어. 숙부의 성정으로는 혼자 끝낼 일이었으면 훈장은 반려했을 거야.

 대학교에 잘 다니다가 왜 군인이 되었을까. 1960년대는 전쟁의 상흔으로 혼란스럽고 지독하게 가난해도 형제간의 우애가 단단했던 거 같아. 교사였던 너의 조부모의 단칸방

씨앗의 실하기가 나팔꽃의 미래인 것처럼
너도 인생을 잘 다지며 지내려무나.
나팔꽃 이파리 모양이 하트야!
나의 마음을 담아 하트 몇 장 동봉한다.

신혼살림에 함께할 정도였다고 하니까. 형이 박봉으로 만들어주는 등록금이 부담되었을 거야. 마루에 외로 누워서 생각에 잠겼을 청춘의 숙부를 떠올리니 마음이 짠해진다.

이제 종백부 사연을 적어보려 한다. 앞서도 말했듯이 너에겐 재종조부이다. 그분을 처음에 뵌 것은 꿈에서였다. 서른 살 되면서 꿈에 자주 보이는 사람이 있었다. 오래된 영화에서나 보았던 카키색 모자와 군복을 입고 본가 사랑채로 들어가는 모습이 낯설지 않더군. 어느 해였던가 그가 환하게 미소를 짓더니 다시는 꿈에 보이지 않았다.

가까운 집안에 6·25 전쟁 때 전사한 분이 있다는 것만 알아내고 현충원에 가서 성씨와 고향을 대면서 찾아달라고 했다. 1953년 금화지구전투에서 전사, 유해를 찾지 못하다가 2008년 5월 20일 대전현충원 장교 묘역에 발굴 안장되었어. 내 음력 생일과 겹치더구나.

그분은 스물셋에 돌아가셨으니 자손이 없다. 부모가 되고 보니 자식은 바라보는 것만으로 가슴이 뻐근해지는데 말이다. 현충원에 가면 눈부시도록 삶은 하얀 물수건으로 묘비를 닦아드린다. 딸이 있으면 하늘에다 손나팔하고 "아버지"를 불렀을 터인데. 어설픈 딸 노릇을 하면서 올려다본 하늘이 그렁그렁하더라.

조카야, 너는 가슴 중심에 누구를 담고 있느냐. 나의 심장에는 철들면서 싹을 틔운 두 그루 나무가 아름드리 서 있단다. 아버지와 이순신 장군이다. 선친과 나는 이승의 인연이 13년으로 끝났으나 여전히 랍비가 되어주고 있어. 중요한 일을 앞에 두면 '아버지라면 어떻게 하셨을까?'라며 고심하지. 이순신 장군은 학교 도서실에서 처음 만나서 첫눈에 홀딱 반한 분이야. 한 점 부끄럼 없이 비굴하지 않던 그를 여전히 존경한단다. 이순신의 열렬한 팬으로서 난중일기부터 영화, 드라마까지 섭렵하는 중이지. 여행이 자유로워지면 그분의 자취를 찾는 여행을 이어갈 계획이다.

예나 지금이나 살아가는 일이 만만찮기는 어디 있든 마찬가지야. 너도 대학입시부터 군 생활하면서 조금은 알겠구나. 각자의 그릇에 맞게 넘치지도 않고 덜하지도 않게 최선을 다하면 된다. 살면서 남 탓을 하지 않고 사는 게 맘 편하더라. 다소 힘든 일이라도 남에게 미루느니 내가 하는 게 훨씬 능률적이지. 군대에서 힘든 훈련을 흔쾌히 견뎌내는 동안 너는 더 단단해지겠지. 씨앗의 실하기가 나팔꽃의 미래인 것처럼 너도 인생을 잘 다지며 지내려무나.

편지를 쓰는 동안 나팔꽃이 꽃잎을 오므렸어. 고모도 오늘따라 이야기가 길어졌네. 그러고 보니 나팔꽃 이파리 모양이 하트야! 나의 마음을 담아 하트 몇 장 동봉한다.

2021년 6월 6일 큰고모가

진경 찾아가는 길

책상에 앉으면 제일 먼저 북으로 난 창문을 열어둔다. 열린 창 오른편 대각선 끝의 산자락이 제법 푸릇하다. 목을 좀 더 길게 빼면 건너편에 밭도 보인다. 나날이 자라는 갖가지 채소를 보고 있으면 저절로 푸근해진다. 저곳 주인이 건물을 짓지 않았으면 참 좋겠다.

주택에서 문은 밖과 소통하거나 차단하는 역할을 담당한다. 문을 닫으면 답답하고 열어두면 허술해지니 창이 필요하다. 드나드는 문은 크게 달고 방마다 작은 창문이 있다. 골방에도 봉창을 내는 법, 창을 내기에 여의치 않으면 뒷문이라도 내었다. 창문이 없는 방은 생각만 해도 갑갑하다.

어린 시절을 기억해 보면 한지 문으로 자연 경치를 들여올 줄 알았다. 볕 좋은 날을 잡아 새 문종이를 발랐다. 어린 동생들이 손가락으로 뚫어 구멍 숭숭한 문을 뜯어내어 축담에 세워놓고 헌종이를 꼼꼼하게 뜯어냈다. 한지 뭉치를 마루에 펴 놓고 한 장씩 풀을 발라 문살에 맞춰 올려놓고 촘촘한 빗자루로 휘휘 쓰다듬었다. 풀기가 마르고 팽팽해지면 앉은키에 맞춘 곳에 종이를 잘라내고 사각 유리 조각을 단단히 붙였다. 테두리에 압화 해두었던 풀이나 꽃으로 장식해놓아 은은한 분위기를 자아냈다. 방문 앞에 바짝 붙어 앉으면 신작로 건너 들녘과 장독 옆 화단과 감나무 풍경이 한눈에 들어왔다.

한지 문에 작게 붙인 유리창은 안과 밖을 이어주는 창구였다. 막역한 이웃과도 예를 갖추던 시절에는 대문이 열려 있어도 함부로 들어오지 않았다. 방문하는 사람이 흠흠 기척을 하면 주인은 쪽 유리창으로 내다보며 옷매무새 가다듬고 손님 맞는 시간을 벌었다.

"해우소에 앉으면 얼마나 좋은지 몰라."

불심 깊은 동생이 눈에 그려지듯 말하던 기도 도량으로 향하는 길이다. 차에서 내려서 천천히 걷기 시작한다. 암자로 가는 길이어서 그런가. 평지 숲길이 한층 더 수월하게 열린다. 사람들이 적당한 거리를 두고 걸으며 유유자적하다. 나도 공기놀이할 만한 자잘한 돌멩이도 줍고 길섶에 키 작은 풀 이름도 더듬어가며 걷는다. 먼저 가서 기다려 주는 이 없고 서둘러 가자 재촉 없으니 저절로 발걸음이 게을러진다.

완만한 숲길을 지나 비탈길이 끝나면서 가파른 계단길이 떡하니 열린다. 피하면 영원히 오르지 못할 길이다. 첫 계단에 한쪽 발을 올려놓고 잠시 눈을 감고 마음을 다잡아본다. 층층나무꽃 오르듯 가리라 마음먹고 계단을 세다가 백 번을 채우기도 전에 지친다. 호흡을 가다듬으며 뒤돌아보니 산 아래가 아득하다. 새삼 계단을 놓은 이의 노고가 느껴진다. 바위가 여기저기 솟은 가파른 산에 길을 내자면 등짐으로 재료를 부려가며 계단을 다듬었을 것이다. 헤아릴 수 없이 자신을 다스리고 다스리며 부처 길을 열었으리라. 나는 한없이 나약하여 계단 세는 것도 잊고 이렇게 헐떡거리는데…. 마지막 계단은 어디쯤인가. 다시 숙제를 풀듯이 집중해본다.

"쪼매만 더 올라가마 됩니더."

내려가던 이가 하는 말이 응원처럼 들린다. 조금만 더 가면 된다니 잠시 쉬기로 한다. 전열을 재정비하는 병사처럼 어깨 펴고 턱을 앞당겨본다. 헛발을 디딜세라 산허리에 바싹 기대어 서니 풀내 흙내가 들숨에 묻어난다. 촌에서 자란 유년의 냄새를 맡고 치유의 효과가 있는지 한결 평온해진다. 통과의례 같은 이 험난한 계단이 있다는 건 미리 듣지 못했다. 사리암에 가면 반드시 기도해야 할 곳만 새겨들었다. 가는 길의 형편을 구구절절 알았더라면 날씨를 가늠하고 준비물을 더 챙겼을 것이다. 불안은 욕심을 부르고 짐은 욕심의 크기만큼 무거워졌겠지.

 온몸이 땀에 흠뻑 젖었다. 수만 개의 열린 땀구멍으로 잡념이 빠져나갔는지 머릿속이 말개진다. 생각은 여유가 있을 때 가능하다. 이제 무아지경으로 계단을 오를 뿐이다. 희미하게 졸졸거리는 물소리가 들린다. 갈증이 심하니 저절로 성큼성큼 걸어진다. 흐르는 샘물 한 모금이 세상 시원한 물맛이다. 갈증을 해소하고 나서야 약수터 참한 연꽃 문양이 눈에 들어온다. 이제 거의 다 왔다는 누군가의 말이 귓전에 꽂힌다. 한참 전에 만났던 이도 조금만 더 가면 된다더니…. 좀 과하다는 생각에 저절로 웃음이 나지만 속 따신 사람들이 힘을 북돋아 주려고 한 말이 분명하다. 선득한 산바람이 등을 쓸며 청량한 공기 한 줌 뿌려주고 지난다. 가쁜 숨이 잦아든다.

 다리가 점점 뻐근해지지만 걸음을 멈출 수가 없다. 적잖이 마신 물이 화근이다. 오로지 한곳으로 달려갈 생각뿐이다. 흔히 하는 말로 젖 먹던 힘을 끌어모아 혼미해지는 정신을 가다듬는다. 아! 급하다. 마지막 계단을 향하여 허들선수가 된 듯이 뛰어오른다. 일차원적인 고통으로 정신이 아뜩

해질 즈음 암자가 살짝 보인다. 찰나로 보이는 이정표의 굵직한 글씨의 친절한 안내에 더 다급해진다. 대웅전에 예를 갖출 새 없이 목표지점으로 내달렸다.

마침내 앉은 이곳, 한 평 남짓한 공간에 무릎을 굽히고 앉았다. 태산 같은 긴장이 내려가니 세상 부러울 일 없다. 긴장이 풀리면서 비로소 유리 통창으로 만든 전면이 보인다. 일어서다 다시 앉는다. 들어오는 한 폭의 풍경화, 하늘을 떠안고 점점 진하게 다가오는 첩첩 산을 배경으로 선 낙엽송에 한 점 구름이 걸린다. 나도 저 구름처럼 가벼우리. 아, 차경이 좋구나!

집에 들어서니 답답하다. 집단속을 하느라 문을 꼭꼭 닫아둔 탓인가. 벌떡 일어나 집안 문이란 문은 다 열었다. 살랑거리며 들어오는 뒷산 바람 냄새가 반갑다. 활짝 열어젖힌 창으로 이웃집이 들어오고, 연푸른 하늘 속을 유영하고 있는 새가 들어온다. 풍경이 들어오는 집, 이 정도면 살 만하다.

우도의 봄날

스치는 바람에 온기가 실리는 날이다. 해마다 오는 봄인데 자꾸 눈물이 난다. 반가워서도 아니고 그렇다고 생기를 잃어가는 처지가 서러워서도 아니다. 이유도 없이 봄날, 가슴에 구멍이 숭숭하다.

유채꽃을 보러 제주도에 가봐야겠다. 작년까지만 해도 그까짓 유채꽃을 보러 비행기를 타면서까지 갈 일인가 했다. 마음만 먹으면 몇 번이고 갔을 터였지만 집 근처에도 지천으로 피는 게 꽃이다 싶었다.

집에서 멀지 않은 곳에도 유채밭이 장관이다. 소문난 잔치에 사람이 배경인지 꽃이 배경인지 어지럽다. 자잘하게 핀 노란 꽃이 향기로 손짓한다. 향기 좋은 꽃도 지나치면 질린다. 몇 년 전까지만 해도 꽃에 대한 감흥이 짧았다. 그저 때가 되었으니 피는 거라며 눈길을 거두곤 했다.

   제주도는 이십여 년 전 팔월 중 순경에 갔었다. 제주의 맑디맑은 바다색에 이끌려 백사장에 맨발을 떼는 순간 후텁지근한 바람에 숨이 막힐 지경이었다. 시원한 숙소에서 있는 시간이 더 길었다. 넓은 창으로 들어오는 제주의 풍경을 관망하는 것으로 만족했다. 그때는 습하고 찝찌름한 날씨에 인상을 찌푸리며 다닌 기억이 난다.

   제주공항에 도착했다. 셔틀버스를 기다리고 있자니 건조한 듯 차가운 바람이 얼굴에 휘감긴다. 공기가 상쾌가 아니고 쌍·쾌·하다. 햇솜 같은 구름 몇 점 띄운 새파란 하늘은 가을 하늘보다 더 맑다. 사람이나 여행이나 첫인상이 다가 아니다. 적어도 사계절은 지켜볼 일이다. 이 봄, 나는 제주도를 즐길 준비가 되었다.

   한라산 자락에 있는 숙소로 향하는 길에는 봄 기적이 없다. 하늘에는 까마귀 몇 마리가 바람을 가르며 푸른 하늘을 유영할 뿐이다. 억새와 나무가 펼쳐진 오름의 중턱에 있는 하얀 건물이 보인다. 억새밭과 최신형 건축은 서로 섞일 수 없는 사이처럼 어우러지지 않는다. 숙소 입구에 들어서자 초대하지 않은 손님을 맞이하는 양 바람이 거칠다. 한라산 풍경에 조심스럽게 섞인다.

   유채꽃의 정경이 아름답다는 우도를 들러야 한다. 승선

권을 확인하는 사람이 오늘따라 유달리 바람이 센 날이라며 실눈을 뜨며 날리는 머리카락을 쓰다듬는다. 제주 삼다 중에 바람을 제대로 느끼는 날이라면 오늘이 분명하다. 우도 동천 진동항에 내리자 선득선득하다. 맞은편에서 사람들이 손을 흔들어서 덩달아 손을 들고 보니 그들 뒤로 중국집 간판의 일부가 보인다. 음식점 주인들이라는 걸 알아채고서도 반갑다. 초행길에서 인사를 건네는 이가 있으면 덜 낯설기 때문이다.

우도 바다를 처음 봄 순간, 그야말로 에메랄드색이다. 에메랄드가 청명한 녹색이라고 하더니 연하고 짙은 푸른색이 잘 어우러진 바다가 청정한 제주를 말해 주는 듯하다. 저 순정한 바다색을 지닌 사람도 어디서 만나볼 수 있을까. 육지의 찌든 공해가 천연의 바닷바람에 씻기는 것 같다. 바람이 파도를 쓸었다 밀어내 가며 장난을 걸어온다.

우도의 첫째 정경은 현무암을 배경으로 서 있는 유채꽃밭이다. 세찬 바람에 유채가 꽃을 피우다니 참 대견하다. 바람을 막아주는 든든한 돌담이 없었다면 유채 씨앗이 싹이나 틔울 수 있었을까. 제주의 돌과 바람은 척박한 환경을 보여주지만 그들의 삶의 의지처럼 노란 꽃이 만발했다. 현무암과 유채꽃의 조화는 비단 배색만으로는 설명할 수 없는 분위기가 있다. 현무암 덩이와 유채는 묘한 조화를 이루고 있해마다 오는 봄인데 자꾸 눈물이 난다.
이유도 없이 봄날, 가슴에 구멍이 숭숭하다.

다. 꽃은 들쭉날쭉 제 맘대로 피어 있으나 바닷바람에도 끄떡없을 거무스름한 현무암 덩이가 묵직하게 자리를 지킨다. 독특한 제주의 정경 속에서 유채와 현무암은 서로에게 멋진 배경이 되어주고 있다.

현무암은 치열한 제주의 과거를 재보게 된다. 참을 수 없어 치솟은 뜨거운 마그마와 냉정한 바닷물이 만난 첫 순간의 흔적이 송송하다. 공기를 다 토해내고서야 돌덩이가 된 사연이 담긴 구멍이다. 바다는 현무암이 있어 푸르고 현무암은 유채꽃과 어울리는 그림이 제주도의 봄 배경이다. 오름에서 내려다보면 노란 밭이 층층 펼쳐진다. 푸른 바다와 깊은 하늘을 배경으로 유채와 돌, 드문드문 나 있는 붉은 지붕을 인 집들이 이국적인 분위기를 자아낸다. 제주 풍경은 자연이 만든 작품 중에 걸작이라 할 만하다.

넓은 시야를 거두어 가까운 유채밭을 바라본다. 돌담 밖을 뛰쳐나온 듯 길가에 하늘거리는 유채꽃에 무꽃도 피어 있다. 하얀 꽃잎 끝에 연지를 찍은 듯 볼그레한 모양새가 '나도 봄꽃이요.'라며 나선다. 겨우 담장 하나 넘었을 뿐인데 속박에서 벗어난 여자의 모습처럼 당차다. 현무암과 유채꽃은 듬직한 남자와 가녀린 여인을 닮았다. 남자의 매력은 강하나 믿음직하고 여자의 매력은 부드럽지만 우아하다. 육지의 유채와는 달리 제주의 유채는 줄기가 좀 더 질기고 꽃대가 리듬을 타듯 들쭉날쭉 자랐다. 거친 환경에 적응하며 이어온 해녀의 삶이 그러하듯이….

　돌과 여자와 바람이 많다는 제주이다. 현무암에 앉아 평생 물질해서 생계를 꾸리던 제주의 어머니들을 생각해 본다. 정오를 넘긴 바다가 말갛게 제 속 드러내며 백사장을 훑는다. 해녀의 질곡 진 삶이 부서지고 또 부서져 모래가 되었나. 바닷가 현무암은 해녀를 품어주고 밭 담장 현무암은 유채를 감싼다. 제주 봄은 바람과 유채가 오라고 손짓한다.

날파리와 능구렁이

'아롱이다롱이'라는 말처럼 우리 사 남매가 그러하다. 어릴 때는 어찌나 개성이 강한지 교점이라고는 찾아보기 어려웠다. 사진 속에 얼굴들을 가만히 들여다보면 그나마 닮은 데가 한두 군데씩은 있으니 혈육의 줄기가 분명하다.

7살 터울의 막냇동생을 빼고는 개월 수로 꼽아보면 여동생과 남동생과는 연년생이다. 부모의 교육으로 위아래는 분명하여 입으로는 '언니, 누나'라고 부르지만 아래로 두 동생과는 동년배나 다를 바 없다. 어릴 때는 띠에 관한 속성이 심리적으로 작용했다. 십이지신 중에 하필이면 동생은 용, 나는 토끼이다. 맨 앞에 선 토끼가 꽤 버거워 보이는 그림이 그려진다. 토끼와 용은 노는 물이 다르지 않은가. 무슨 일이든지 생각이 달랐다.

여동생과는 앙숙이었다. '자매 전쟁'의 병법은 각자 달랐다. 동생은 소리를 지르고 두 팔로 풍차 돌리기를 하면 나는 한마디 세게 툭 던지고 무시하는 전법을 썼다. 불 뿜는 용은 피하고 볼 일이지 않은가. 말이란 주고받아야 제맛인데 무심한 듯한 대처법에 동생이 화가 날 만했다. 동생이 울며불며 난리를 치면 마루에 있던 아버지가 어머니에게 한마디 던졌다.

"저 방에 누가 장롱에 끼었는가 가봐라."

아버지가 한마디 거드는 날엔 어머니가 아랫입술을 깨물고 꾸지람하는 눈빛을 참아내야 했다. 부모의 입장이 되어보니 동생과 다툼은 한 살이라도 많은 언니의 탓이 컸다.

어머니의 딸들 별명 짓기는 기가 막혔다. 화가 날 때마다 나는 '능구렁이', 동생 더러는 '날파리'라고 불렀다. 토끼띠와 용띠에게 도무지 어울리지 않는 별명 따라 점점 능구렁이는 느릿해지고 날파리는 날갯짓이 분주해졌다. 날파리가 하루만 살 것처럼 대들면 능구렁이는 수십 개의 배 비늘을 세워가며 급히 자리를 벗어났다. 승산이 없는 싸움은 피하고 볼 일이다. 부모라고 말 없는 자식 속을 다 알 수는 없다. 능구렁이라는 별명을 지어준 어머니에게 서운한 마음이 없지 않았던지 아파도 입을 달았다. 열이 올라 온몸이 펄펄 끓어도 능구렁이 허물 벗듯이 혼자 앓을 때가 많았다. 열꽃이 피고 식은땀이 흐르면 낫는다는 것도 터득하게 되었다. 능구렁이가 기운을 잃으면 저절로 휴전이 되었다.

초등학교 4학년이 되던 초여름의 어느 날, 날파리와 동맹을 맺었다. 그날도 둘이 마루에 앉아 토닥거렸다. 무슨 일로 성질 말랐는지 동생이 울음을 터뜨렸고 어머니가 빨래를 하다 말고 방망이를 든 채 일어서고 있었다. 그 순간, 징징거리고 있는 동생 손을 잡았다. 싫다며 몸을 비틀던 동생이, 가리키는 나의 턱을 따라가다 어머니가 들고 있는 방망이를 보고 기겁을 했다. 빨랫방망이는 위협용이라는 걸 알지만 화가 심하게 났다는 뜻이니 될 수 있으면 피하고 싶었다. 둘이 달리기 시작했다. 그 와중에 나의 레이더는 숨을 곳을 찾았다. 추수철이 지나면 비어 있는 방앗간을 생각하며 초여름의 햇살을 머리에 이고 짤따란 그림자를 밟으며 흙길을 달리고 달렸다. 엎어질 듯이 따라오는 동생 손을 한 번 더 고쳐 잡으며 코스모스가 획획 지나는 길을 얼마를 달렸을까. 뒤를 돌아보니 어머니가 돌아서는 모습이 보였다. 숨을 몰아쉬며 동생에게 기쁜 소식을 전했다.

"엄마 인자 안온데이."

동생이 주저앉으며 두 손으로 무릎을 감쌌다. 얼굴이 온통 땀범벅이다. 처음으로 동생이 어리고 약하다는 생각이 들었다. 입은 그렇게 야물면서…. 뻗정다리로 서 있다가 동생 옆에 앉았다. 짜증이 나서 파닥거리는 동생을 다독이며 안았다. 동생의 가쁜 숨결이 조금씩 잦아들었다. 능구렁이가 언니 역할을 제대로 하는 순간이었다.

한 살 터울이니 사춘기도 비슷했을 것이다. 학창 시절, 자매에겐 별호가 하나씩 더 붙었다. 동생은 '남버부리 들사바리'였는데 사투리 해석을 하자면 남 앞에는 벙어리, 집에 들어오면 사발 깨지듯 시끄럽다는 뜻이다. 낯가림과 수줍음이 많았던 동생에게 가장 만만한 상대가 언니였을지도 모른다. 나는 볼에 살이 많아 '호빵'이라고 불렸다. 멋을 알기 시작한 나이에 얼마나 치명적인 별명인가. 어디를 가나 두 볼을 입 안으로 빨아 당기며 다녔다.

어느 날, 볼살의 불만족을 동생에게 하소연했더니 심사가 틀어진 일이 있는지 천천히 눌러가며 놀렸다.

"호⋯빵⋯."

"언니, 니는 볼때기 살에 코가 파묻히는 거 알고 있나."

평소와 다름없이 아침 참새처럼 말을 잘했다. 결코, 가볍지 않은 날파리의 말 한마디에 능구렁의 자존심이 무참히 구겨졌지만 없는 말도 아니니 딱히 반박할 구실도 없었다. 갸름하고 작은 얼굴을 타고난 날파리의 미모를 푸짐한 얼굴의 능구렁이도 인정하는 터였다. 그러던 어느 날, 날파리가 속마음을 들킨 사건이 있었다. 집에 놀러 온 날파리 친구로부터 생각지도 않은 이야기를 들었다. 날파리가 나의 증명사진을 지갑에 넣어 다니며 '우리 언니'라며 보여준다는 게 아닌가. 눈만 마주치면 눈을 흘기던 날파리, 날파리와 능구렁이는 속정을 공유하는 사이였다.

  형제자매는 첫 경쟁자이며 살아가는 방법을 함께 터득하는 인생의 동문이다. 성향이 다른 사 남매가 한 집에서 북적이며 산 경험이 사회생활의 바탕이 되었다. 날파리와 능구렁이는 여전히 서로를 이해하지 못할 때도 있지만, 속말을 스스럼없이 주고받을 수 있는 유일한 상담자이며 내담자가 되어준다. 자매, 주면서 바라지 않고 받아도 부담이 되지 않아서 제일 편안하고 소중한 인연이리라.

PART 3
타래난초

귀쑥 • 보듬이 • 붓끝에서 피는 꽃 • 그림의 속말 • 타래난초 • 해국 • 중독

귀 쑥

 빈 둥지 어미 새 처지가 되었으나 더 분주해졌다. 가까이 사는 딸이 어릴 적 먹었던 음식을 청하는 걸 보니 봄 타는가 보다. 고단할 때는 익숙한 음식이 허기를 채울 뿐만 아니라 위로가 되어준다. 건정건정 사느라 부실했던 먹거리를 챙겨 보아야겠다.

 채소를 자주 다듬으니 엄지와 검지 손톱 밑에는 풀물이 가실 날 없다. 손가락 끝도 거슬거슬해졌다. 주문받은 '도다리쑥국'을 끓여야 한다. 봄 도다리국에는 상긋한 쑥이 거들어야 제맛이 난다. 다듬던 쑥을 밀어놓고 씽크대 문짝에 기대앉았다. 쑥을 보고 있으니 아스라한 기억 속 사람이 걸어 나온다.

 사월이 고개를 들 즈음이면 큰고모는 약속처럼 왔었다.

"혜깅아, 야야 혜깅아."

고모보다 내 이름이 먼저 대문을 들어서면 식구들은 일제히 하던 일을 멈추고 일어섰다. 시오 리 넘는 길을 걸어왔는지, 어쩌다 한번 들어가는 버스를 타고 왔는지 물어볼 새 없이 그저 모처럼 친정에 온 딸, 누나, 고모가 반가울 뿐이었다.

함지박을 묶어 덮은 보자기를 들추면 고소한 콩고물 냄새가 풀썩 콧속으로 들어왔다. 고모는 손을 급히 씻고 쟁반으로 귀쑥떡을 잘라가며 조카들 입에 넣어주었다. 사 남매가 처마 밑 제비처럼 앉아 떡을 든 손에 눈을 모았다. 입안을 가득 채우며 쫀득거리던 귀쑥떡 맛은 좀처럼 잊히지 않는다. 일 년에 딱 한 번 먹을 수 있는 귀한 떡이었다.

여고 시절, 친구들이 즐기는 국수나 빵 대신 떡을 즐겨 먹었다. 자주 들락거리던 시장 떡집이 있을 정도였다. 아주머니는 볼 때마다 며느리가 되어주면 갖가지 떡은 실컷 먹여준다며 고개를 죽 빼가며 나를 살피곤 했다. 평생 볼살이 고민인데 떡집으로 시집갔더라면 떡살이 더 붙을 뻔했다. 단골 떡집의 회상 끝엔 고모의 귀쑥떡이 있다.

봄이 오면 쑥이야 지천으로 돋아나지만 귀쑥은 본 적이 없다. 인터넷 선생에게 물어보니 귀쑥은 떡쑥의 방언이라 한다. 낮게 자라는 참쑥과는 달리 귀쑥은 위로 자라며 이파리는 끝이 동글고 솜털이 나 있으며 노란 꽃이 앙증스럽다. 그리 특별할 것도 없는 들풀 같은 모양새는 어디선가 봤어도 지나쳤을 정도로 작다.

계절 음식은 시간을 쪼개서라도 요리하지 않으면 '고모쑥'처럼 맛을 볼 기약이 멀어진다. 제철 음식은 정이 반 이상 들어간다. 하루 다르게 자라는 귀쑥이 행여 억세질까 동당거리며 쑥 캐는 고모를 상상해보면 가슴이 아려온다. 온종일 친정 식구들이 눈앞에 아른거렸을 것이다. 떡을 찧으면서도 시어른 눈치는 얼마나 보았을 것이며, 남은 집안일을 끝내고 나오려면 진땀 훔칠 짬도 없었을 터이다.

사시사철 음식 재료가 넘쳐나는 세월에 살고 있다. 마트에 가면 온실에서 자란 채소가 즐비하다. 지주를 타고 오르는 오이 줄기 겨드랑에 핀 노란 꽃이 언제 오이를 매다는지 모를 정도로 자연에 대한 감을 잃었다. 음식 맛이 예전 같지 않은 까닭은 변한 입맛보다는 성급하게 자라는 재료의 영향 때문이라고 짐작해본다.

도다리쑥국이 먹음직스럽게 끓여졌다. 별미를 앞에 두면 습관적으로 좋아할 만한 사람이 하나둘 떠오른다. 같이 먹고 싶은 마음을 전화로 청할 수 있다면 그나마 다행이다. 쑥이 들어간 국을 보고 있자니 큰고모가 생각난다.

십여 년 전, 편찮다는 소식을 듣고 큰고모를 찾았다. 병원

침상이 지겨웠을 고모를 휠체어에 태워서 밖으로 나왔다. 뭐 드시고 싶냐고 했더니 힘들게 손부채를 하며 '물이'나 '복상'이 나왔느냐고 되물었다. '물이'는 오이며 '복상'은 복숭아의 고향 말이다. 옆지기에게 고모를 부탁하고 시장으로 내달렸다.

오이와 봉숭아 봉지를 휠체어 탄 고모 무릎 밑에 내려놓고 쪼그려 앉았다. 고모가 까만 봉지에는 눈길을 주지 않고 내 손을 잡으며 활짝 웃었다. 그것도 잠시, 고모의 앙상한 손이 미끄러지며 금세 표정이 무덤덤해졌다. 그토록 좋아하는 오이와 복숭아를 앞에 두고도 외면하는 고모가 낯설었다. 노인에게 저승의 그림자가 드리우면 맛있는 게 없어진다더니 고모의 명운이 얼마 남지 않았음을 물이와 복상으로 짐작했다.

마음을 전하는데도 때가 있다. 좋아하던 오이와 복숭아 사드리는 일도 한발 늦었고 찬이 제대로 갖춰진 밥 한 끼 대접할 기회를 잃고 말았다. 고모가 혼자 빈집을 지키는 댁에 들르면 하룻밤도 자지 않고 나온 기억이 불쑥 난다. 이런저런 핑계를 대며 인사하고 나서면 고모는 급히 이것저것 싼 보따리를 손에 들려주었다. 지내온 날들을 이제 와 고백한들 무슨 소용 있으랴. 나는 주기만 하던 고모의 받기만 하던 질녀였다.

고모는 같은 성을 가진 것만으로도 친근하다. 식성도 닮았던지 밥상 위에 놓인 찬그릇에서 젓가락이 마주칠 정도였다. 고모는 장 질녀인 내 어린 눈을 지긋이 바라볼 때마다 고동 딱지 같다며 끌어안고 이마를 비비곤 했다. 당신의 친정 핏줄에 찰진 떡처럼 진하디진한 애정 표현을 했다. 큰고모의 적은 말수와 목화처럼 포근한 눈빛에서 선친에 대한 기억을 더듬곤 했다.

 귀쑥떡은 큰고모가 남겨준 소중한 맛 유산이다. 내년에 산자락 양지바른 곳에 여린 쑥이 돋아나면, 귀쑥이 대를 이어 뿌리 내린 고모의 들판으로 가야겠다. 사진을 봐가며 들풀에 발이 푹푹 빠지며 걷다 보면 오달진 귀쑥 군락을 큰고모인 양 만나겠지. 시류에 따라 살고 있지만 놓치고 있는 것은 없을까.

보듬이

아이가 품에 안긴다. 뭉클하게 전해져 오는 핏줄의 감명, 어미로부터 받는 미토콘드리아의 위대함을 생각해 본다. 손자가 품에서 곰지락거리고 있다. 손자에게서 느껴지는 엄청난 에너지에 숙연해진다.

우리 집은 손자들이 앞다투어 오려는 명소이다. 어린 손자들은 할머니가 한가해지는 날을 손꼽아 기다린다고 한다. 아이들이 할머니 집에 오려는 이유를 짐작해보자면 편안함이다. 선잠을 깨도 빈 페트병에 오줌을 누는 편리함도 있지만, 할머니가 안고 토닥이며 불러주는 자장가를 들으며 느긋하게 잘 수 있다. 이보다 더 따사로운 일이 어디 있으랴. 제 어미가 자라던 내 품에 다시 봄기운이 완연하다.

손자가 집안을 쑥대밭으로 만들 때는 어서 갔으면 싶다가도 막상 보내고 나면 황량하기가 한겨울 들판이다. 팔짱을 껴보아도 여전히 선득선득하다. 따끈한 차라도 마셔야 한다. 주전자에서 더운 김이 오르기를 기다리는 시간이 유난히 긴 날이다. 찻물을 담은 보듬이가 벙싯 웃는다. 두 손에 안긴 보듬이의 위로가 살갑다.

오랜만에 다우가 운영하는 목공방에라도 가볼까. 긴장된 다례 수업을 마치면 다우들과 종종 들르곤 하는 곳이다. 대여섯 명 정도 앉을 수 있는 차실은 언제라도 반겨주는 품 넓은 맏언니 집처럼 훈훈하다. 공방 주인이 우려내는 차를 기대하며 적당히 자리를 잡아 비스듬히 기대어 앉는다. 취향이 비슷하니 담소를 나누다 보면 시간 가는 줄 모른다.

공방에 있으면 쌓아놓은 목재에서 뿜어져 나오는 목향과 은은한 차향에 평온해진다. 주인장은 손님들에게 작품값을 매기면서도 목소리가 높아지는 일이 없다. 주인 부부가 작업한 목공예품 외에도 지역 작가들이 내놓은 몇 점의 도자 작품을 구경하는 재미가 쏠쏠하다. 이곳에서 처음 보듬이를 만났다.

재작년, 나뭇잎을 다 떨군 가로수가 오스스 떠는 계절에 목공방을 찾았다. 주인의 새로운 작품을 구경하다가 고재로 만든 다탁에 눈길이 모였다. 오랜 세월이 만들어낸 묵직한 목재 결이 탐나지만, 다탁 끄트머리에 붙여진 만만치 않은 가격에 다들 관심을 접는 눈치였다. 나는 고향 빈집 대문이라도 떼어와서 다탁을 만들어봐야겠다는 농담을 내려놓고 일어섰다.

  진열장 앞을 서성거리다가 오도카니 앉아 있는 그릇이 눈에 띄었다. 명판에 적힌 이름이 '보듬이'다. 두 손 가득 잡힐 크기로 구 윗부분이 조금 잘린 듯하고, 찻잔이라 하기에는 크고 그릇이라 하기에는 작고 깊다. 입이 벌어지는 찻사발과는 달리 입언저리가 오목하여 특이했다.

  미색에 황토색이 연하게 깔려 있어 소박하지만 식은태가 예사롭지 않다. 그릇 표면의 우둘투둘한 숨구멍이 분화구처럼 드문드문 나 있어 거칠거칠하다. 거친 촉감이 두 손으로 잡을 때 안정감을 준다. 그동안 손길을 얼마나 탔던지 숨구멍엔 꺼뭇꺼뭇할 정도로 때가 끼었지만 사지 않으면 후회할 것 같았다. 지갑에 있는 현금을 다 꺼내도 모자라서 곁에 있던 다우 돈을 보태고서야 포장된 '보듬이'를 안고 왔다.

  내 방 책상 앞에 앉으면 진열장에 놓인 보듬이가 마주 보인다. 보듬이 얼굴엔 터진 듯 벌어져 있는 부분이 있는데 웃는 아이 입 같다. 어찌 보면 보름달보다 여백이 있는 상현달을 닮았다. 보이는 대로 생각하는 것이 감상이 아닌가. 나는 터진 갈색 부분을 보듬이의 입이라고 여긴다.

  우연한 기회에 보듬이 전시회가 있다는 소식을 듣고 마음

힘들거나 사랑스러운 이를 안아주게 된다.
힘들어 보이는 것도 사랑하는 것도 내 마음에서 시작할 터이다.
안기는 이보다 품을 내어주는 이가 한결 행복해지는 이치를
할미가 되고서야 깨닫는다.

부터 한달음에 달려갔다. 작가마다 독특한 색감과 모양을 지닌 보듬이를 감상하는 동안 내내 두고 온 보듬이 용도를 떠올렸다. 보듬이 작품은 다양하였으나 기본은 둥근 모양이었다. 전시회를 둘러보고 나니 당번을 선 작가가 보듬이로 차를 내어왔다. 보듬이는 장식품이 아니라 차를 담는 그릇이었다.

  모든 보듬이는 굽이 없다. 그릇에 굽이 없으니 불가피하게 바닥을 동그랗게 홈을 팠다. 굽이 없는 정도가 아니라 몸체 일부를 깎아내렸다. 보듬이 이름에는 가장 낮게 '겸손한 자세로 보듬어 안는다'라는 작가의 뜻이 담겨 있다. 보듬이로 차를 마시려면 반드시 두 손으로 잡아야 한다. 두 손으로 그릇을 받쳐 들어 한 방울의 찻물까지 마시다 보면 저절로 겸손해지는 자신을 발견하게 된다.

  보듬이 몸체를 자세히 살펴보면 눌린 타원형 흔적이 있는데 둥근 모양을 내려면 처음에 잡은 손을 움직일 수 없어서 생긴 모양이라고 한다. 보듬이를 완성하는 순간을 위해 손가락이 저리는 고통을 참기도 한다니 보듬이는 도자공의 진중하고 겸손한 자세를 닮았을 것이다.

  '보듬이'에 찻물을 담으면 꽃 모양이 드러날 때가 있다. 찻물이 숨구멍으로 스며드는 순간에만 볼 수 있는 장면이다. 순박한 보듬이가 피워내는 찰나의 꽃, 순식간에 피었다 지는 꽃을 보면서 나의 삶을 돌아본다.

힘들거나 사랑스러운 이를 안아주게 된다. 힘들어 보이는 것도 사랑하는 것도 내 마음에서 시작할 터이다. 보듬이의 온기가 나의 두 손을 데우더니 온몸으로 전해져온다. 안기는 이보다 품을 내어주는 이가 한결 행복해지는 이치를 할미가 되고서야 깨닫는다.

붓끝에서 피는 꽃

 가는 걸음이 그렇게 급할까. 요즘 들어 화장대 위에 놓인 시계가 부지런해졌다. 애써 고개 돌려보아도 초침 건너는 소리가 선명하다. 나는 주어진 시간 어디쯤 서 있을까.

 화선지를 팽팽하게 펼친다. 붓이 흰색 물감을 머금고 보라색 물감 위로 가볍게 스쳐 날아오른다. 호흡이 들숨에서 멎고 붓이 지긋이 내려앉는다. 수술 주변으로 한장 한장 모여지는 꽃잎, 잎맥이 뛰기 시작한다. 붓이 한바탕 물탕을 하고 일어선다. 수건에 몸을 쓸어가며 매무새를 고른다. 날숨이 끝나고 초록 물감 한입 머금고 먹물 한점 슬쩍 찍는다. 줄기가 서고 잎이 달린다. 붓꽃이 고개를 든다.

 그림을 그리기 시작하면서 묵은 기억 속 들꽃이 얼굴을 들었다. 유년의 놀이터였던 고향 산에서 피고 지던 꽃이다.

마른 파이처럼 셰일이 드러나던 돌산은 태양열로 데워져 늦은 오후까지 뜨듯했다. 산자락에 손 베개를 하고 누우면 눈앞으로 펼쳐지던 시린 고향 하늘….

　해 뜨는 곳에는 패랭이가 겸손하게 피어났고 북쪽 동산 아래에는 등 굽은 할미꽃이 묘지를 지켰다. 배미골 석이버섯은 퇴적암 검은 꽃처럼 피어났다가 비 잦은 여름이 되면 흐무러졌다. 거친 바위 사이로 누룩뱀이 허물을 벗고 고단한 산짐승이 쉬어가는 능선에는 어린나무가 하늘을 향했다.

　시골에서 자라서인지 크고 화려한 꽃보다는 작고 연한 꽃에 마음이 간다. 들꽃은 하도 작아서 모여 있어야 꽃이 된다. 봄에 피는 꽃은 더 그러하다. 하얀 찔레는 언덕배기에 앉아 온종일 해를 쬐었다. 자연의 가장 완벽한 꽃꽂이라면 들꽃무더기가 아닌가 싶다. 거기에 키 큰 풀이 배경이 된다면 금상첨화다.

　여름이면 입었던 면 검정 바지에 표백제가 튀어 군데군데 탈색이 되었다. 버리기에는 아쉬운 바지이다. 오래 입은 옷은 내 몸에 맞춰 적당히 늘어지고 편해져서이다. 조각천을 덧대면 한두 군데가 아니니 자칫 각설이 옷이 될 터, 탈색된 부분에 천 염색 물감으로 쑥부쟁이를 그려 넣기 시작했다.

　꽃도 제각기 표정이 다르다. 위로 향하거나 내려다보는 꽃, 고개 돌려 피거나 지쳐 바래진 꽃, 누군가의 발길에 부

들과 산에 피는 꽃은 바람과 햇빛이 피워낸 것이라면
머플러 꽃은 호흡의 장단으로 피어난다.
들꽃의 부드러운 위로가 감기고 눈꺼풀에 밤이 내려앉는다러진 슬픈 꽃대도 풍경의 한 조각이다. 물감이 묻지 않은 접시 한쪽에 붓을 내려놓고 허리를 펴고 둘러본다. 바짓가랑이 한쪽에 쑥부쟁이꽃이 무더기로 피었다. 여름이 오면 쑥부쟁이 꽃대를 앞세우고 가로수 그늘을 걸을 것이다.

지난겨울, 내친김에 머플러에도 꽃을 그려서 여기저기 두르고 다녔더니 지인들의 주문이 들어왔다. 바람에 냉기가 더해질수록 주문이 늘어났고 재미로 시작한 일로 생각지도 않은 장사를 하게 되었다. 선물로 쓰겠노라며 열 장에 각기 다른 꽃을 그려달라는 이가 있어 야생화 사진을 찾아가며 단 하나밖에 없는 머플러 그리기에 몰입했다. 주문받은 머플러를 남의 것인 양 갖다 놓으면 지인들이 머플러를 골라 들고 수고비를 챙겨주곤 했다.

꽃 그리느라 시간 가는 줄 모르다 고개를 들어 주위를 둘러본다. 야생화가 소복이 핀 머플러가 거실 바닥을 메우고 있다. 붓꽃, 패랭이꽃, 개망초와 엉겅퀴, 개여뀌, 산나리…. 피가 머리로 쏠린 탓일까. 어질어질하다. 인생의 반을 넘긴 나이에도 한 번 꽂히면 몰입하는 열정이 남아 있으니 얼마나 행복한 일인가.

머플러 색을 정하는 일도 중요하다. 배경은 주인공을 돋보이게 한다. 꽃을 사실적으로 그리기도 하지만, 까만 바탕에 로즈골드 색으로 표현하거나 연한 잿빛에 붉은 꽃과 보라색을 꽃을 넣어본다. 꽃이 저마다 다르듯이 사람도 어울리는 색이 있다.

시간이 더디면 꽃을 그린다. 미간에 힘이 들어가고 긴장을 놓치지 않으려 붓을 다잡는다. 들과 산에 피는 꽃은 바람과 햇빛이 피워낸 것이라면 머플러 꽃은 호흡의 장단으로 피어난다. 머플러를 들고 거울 앞에 선다. 목선에 세월이 남긴 흔적이 어색하여 엉겅퀴꽃 머플러를 바싹 당겨 두른다. 들꽃의 부드러운 위로가 감기고 눈꺼풀에 밤이 내려앉는다.

꽃을 그리니 눈에 들어오는 게 꽃이다. 담벼락 아래 제비꽃이나 애기똥풀이라도 보이면 쪼그려 앉아 눈을 맞추곤 한다. 시멘트 길 가장자리의 실금 같은 흙에서 올라온 손톱만 한 꽃이 나를 울컥하게 한다.

어느 지인은 꽃이 가슴으로 들어오면 늙어가는 중이라고 한다. 종종걸음으로 앞만 보던 시절에는 피고 지는 꽃에 관심 둘 여유가 없는 게 당연한 일 아닌가. 요즘은 일상이 지루하여 밋밋해질 때마다 꽃을 그린다. 만개한 꽃은 떨어지는 순간을 걱정하지 않을 것이다. 내일보다 오늘이 젊지 않은가.

그림의 속말

그림은 한 장의 화선지에 이야기를 담고 들려준다. 찰나의 느낌을 누르고 작가의 의도를 곰곰이 유추해보게 된다. 그림 그리기는 완성에 도달하는 묵언 수행의 예술이다.

유난히 발걸음을 잡는 그림이 있으면 가까이 두고 싶은 욕심이 생긴다. 경제적으로 넉넉했다면 작품성 있는 그림을 소장하려는 열정을 못 참았을 것이다. 발품을 들이면 전시회에서나마 마음을 끄는 작품을 종종 만난다.

600살을 넘겼다는 금강송을 보고 한눈에 반했다. 사진으로만 보아도 멋지다. 남실한 구름 위에서 노을이 번지는 하늘을 마주하고 서 있는 풍모가 장대하다. 비바람이 휘몰아치면 휘어지는 대로 살아온 세월의 흔적이 역력하다. 굵직한 몸통으로부터 뻗어난 휘추리에서 연로한 춤꾼의 도포 자락 끝의 긴장이 느껴진다. 솔가지에 백로 한 쌍이 날아들 것만 같다. 가슴이 뛰기 시작한다. 일정에 '금강송 만나러 가기'라고 눌러 적으며 내처 달려가는 심장을 진정시킨다.

솔거미술관에서 소나무 그림에 매료되던 기억이 아직도 선명하다. 전시장 전면의 웅장한 소나무 그림은 산천을 숱하게 훑으며 다닌 끝에 발견한 한 그루를 옮겨 놓은 듯하다. 세밀하면서도 힘찬 붓질을 따라가며 한참을 서성거렸다. 현기증이 일었다.

잘생긴 소나무를 보면 윤사월 언덕배기에 서 있는 무인이 떠오른다. 수형이 아름다워 미인송이라 부른다면 웅대하고 기골이 장대하면 미남송이 아닌가. 수려한 소나무 형상이 시대를 불문하고 올곧은 자의 풍모에 버금간다. 송화처럼 흩날리는 정신을 가다듬고 가야 할 길을 가늠하는 형상이다.

〈솔거의 노래〉 소나무 풍경을 보면서 그림 속에 빠져들었다. 박대성은 한국 화단 최고의 소나무 화가라고 칭하는 사실을 뒤늦게 알게 되었다. 나는 그를 '소나무의 신'이라고 부르고 싶다. 그는 소나무만 그리며 십수 년을 보냈다고 한다. 마침내 살아 있는 소나무보다 생동감 넘치는 대작을 탄생시킨 것이다. 산에 서 있는 소나무보다 더 힘차고 생생한 소나무 그림을 본 그해는 한여름 볕보다 내 가슴이 더 뜨거워졌다.

묵송墨松이 쉬 잊히지 않았다. 그러지 않으면 후회가 될 터, 한국화 화실로 향했다. 두 해를 넘기는 동안 화조도는 그럭저럭 따라 그렸으나 소나무 그리기는 지지부진했다. 소나무를 그리는 날이면 아예 붓을 내려놓고 옆 사람의 작업을 지켜보았다. 손이 무디지만 보는 눈은 예민한 편으로 필력으로 뻗어가는 해송을 보는 즐거움이 컸다. 인근 도서관에서 색다른 소나무 그림을 만난 적 있다. 여성 화가가 그린 유화 소나무는 섬세하고 색감이 화려했다. 나름의 해석으로 표현한 4장의 그림에 소나무의 사계절이 담겨 있었다. 작가를 만난 적 없으나 굵직한 붓놀림의 흔적에서 굳건한 인생좌표를 엿보았다.

중심줄기가 반듯한 소나무가 성웅 이순신을 떠올려준다. 혹독한 겨울에도 청청한 모습이 극한의 시련을 견디어 정도를 지키는 이순신의 삶을 닮았다. 그에 대한 경외심은 어릴 적 책에서 처음 만난 이후로 지금까지 변함이 없다. 다음 생에 그를 만날 기회가 주어진다면 곁을 지키는 호위무사가 되고 싶다.

영국 화가 엘리자베스 키스Elizabeth Keith는 1919년 독립운동이 한창이던 해, 몇 달간 우리나라에 머무르면서 그 당시 풍습을 수채화로 남겼다. 그녀의 그림 중에 '이순신 장군 초상화'라고 추정되는 그림에 관심을 기울이고 있었다. 키스의 작품을 모아 복원한 책이 발간되었다는 소식을 접했다. 책값이 만만치 않았으나 그녀가 해석한 이순신의 초상화를 자세히 보기 위해 선뜻 주문했다. 원본이 아닐지라도 화첩으로나마 소장하고 싶었다.

엘리자베스 키스가 그린 푸른 옷을 입은 무인은 전체적으로 뼈가 억세다. 머리, 이마 주름이 깊고 눈은 부리부리하며 눈꼬리가 위로 치솟았다. 콧잔등은 내려앉았으나 콧구멍이 큰 편이라 폐활량이 좋고 활동적이라는 느낌을 준다. 귀는 크고 잘생겼으며 수염이 거칠고 풍성하다. 팔자 수염 아래 입은 다소 큰 편이며 윗입술이 발달하여 맹금류의 강인함이 엿보인다.

그림 속 인물이 벌떡 일어선다면 키는 얼마일까. 엄지와 검지를 벌려가며 재어보니 6등신으로 짐작된다. 일반적으로 상상하는 씩씩한 기상과 풍모에는 못 미친다. 실망해서 이순신 장군이 아닐 거라는 핑계를 찾기 시작한다. 우선, 머리 위 전립의 크기가 작다. 머리가 크다고 해도 장군 머리에 쓰는 물건치곤 옹색하다. 익히 봐온 이순신 장군의 영정에 익숙해서인지 그림 속 이순신이 좀처럼 인정이 되지 않는다.

이순신의 모습이 정확하게 표현된 초상화가 없다. 난세 영웅을 존중하려는 작가의 배려와 상상으로 그린 온화한 초상화가 있을 뿐이다. 이순신을 직접 보고 기록한 문구를 읽으며 그렸다는 작품이 현재는 없다고 한다. 엘리자베스 키스의 〈푸른 옷을 입은 남자〉는 이상범 작가가 그린 이순신 초상화와 매우 비슷하다지만 다소 조잡스럽다. 아무튼, 엘리자베스 키스는 분명 조선 무인의 기상에 감동했을 것이다. 그녀 눈에 들어온 이 무인은 누구일까.

  화가의 눈에 비친 우리나라 풍경화에 어김없이 소나무가 있다. 엘리자베스 키스가 표현한 한국 사람과 소나무의 속말을 짐작하자면, 나라를 빼앗겨도 기상을 잃지 않았던 한국인을 본 감동이리라. 사람의 얼은 화선지에 먹물 베이듯 서서히 젖어 유구히 이어지는 것이다. 수백 년 살아온 금강송과 이순신의 풍진 세월은 감히 짐작할 수 없다. 수백 년 전의 이순신을 궁금해하는 내 심사는 진정한 영웅이 절실한 시대의 갈증인지도 모르겠다.

타래난초

베란다 화단에 이름 모를 싹이 자주 돋아난다. 설란 화분에도 그런 풀이 자라고 있었다. 잎새를 보아하니 난초 못지않게 참해서 선뜻 뽑아낼 수 없었다. 너도 참하게 자라 보라며 빈 화분에 옮겨 심었다.

설란 속에서 떡하니 더부살이하던 새싹은 타래난초였다. 마디게 자라던 타래난초가 제 키보다 긴 꽃대를 올렸다. 보기에는 작고 여리나 자세는 꼿꼿하고 의연하다. 그 자태를 찬찬히 보려면 경배하듯 몸을 낮추어야 한다. 타래난초가 후대를 남기는 비법이 절묘하다. 단단히 받쳐 든 이파리 속에 줄기를 세워놓고 긴 나선형으로 돌려가며 매듭 모양으로 꽃을 단다. 꽃봉오리가 서로 겹치지 않으니 골고루 볕을 볼 수 있어 충실한 결실이 기대된다.

삶은 홀로 실 감기와 같다.
돌아오는 길 없는 생의 종착까지 타래실을 풀어내어
실패로 감아내듯 살아내야 한다.

우연히 본 식물이 아득한 기억 한 조각을 꺼낸다. 예전에는 바느질하려면 타래실을 풀어서 썼다. 실 감기는 어머니와 단둘이 함께하는 기회가 되었다. 저녁 설거지를 끝낸 어머니가 실타래를 무릎에 끼려고 하면 얼른 다가가 마주 보고 앉았다. 두 손목에 무명실 타래가 걸쳐지면 행여 놓칠세라 팽팽해지도록 힘을 주었다. 긴 곡선이 휘휘 팔자를 그리며 풀려 나가는 실을 보면 최면 같은 졸음이 쏟아져 내렸다. 무거워지는 눈꺼풀을 들어 올릴 때마다 어머니의 초승달 된 눈과 마주쳤다.

삶은 홀로 실 감기와 같다. 돌아오는 길 없는 생의 종착까지 타래실을 풀어내어 실패로 감아내듯 살아내야 한다. 실이 엉키듯 갑갑해지면 무릎을 곧추세워 안고 얼굴을 묻는다. 해결의 실마리를 잡으면, 무릎이 틀이 되고 두 손이 실감개가 되어 인생 타래를 풀어간다. 어머니가 실타래가 헝클어질라치면 치감고, 끊어지면 맞매듭 지어 감는 것처럼 나아가는 길이다.

아침에 부엌에서 도마 소리가 들리고 그때쯤이면 풀 먹인 이불 홑청도 사각거렸다. 그루잠을 떨치고 일어나면 바느질된 옷과 뒤꿈치 꿰맨 식구들 양말이 윗목에 놓여 있었다. 날이 새기도 전에 가마솥에 식구들 씻을 물을 데워놓고 대가족 아침 밥상을 차려내던 어머니는 언제 잠을 잤을까.

함 질빵이 기저귀가 되던 시절이 있었다. 친정어머니는 세 갈래로 땋아진 질빵을 풀어두었다가 시집가는 딸의 짐 속에 넣어주었다. 첫아이 기저귀에는 나의 굼뜬 바느질의 땀수만큼 정성이 들어갔다. 신부가 입을 옷감, 신혼 첫날 덮을 이불을 지을 천, 혼서지 등등을 넣은 함을 받던 날의 기억이 새롭다. 혼인의 약속은 자식을 낳고 키우며 집안을 돌보는 책임으로 이어졌다.

나는 살림살이가 어설펐다. 누구를 닮아서 손이 느린지 모를 일이다. 손 빠른 어머니는 그런 나를 두고 전생에 일한 적 없이 살아서 그렇다며 탓하지 않았다. 어머니는 말이 없는 편이어서인지 칭찬도 꾸지람도 없었다. 단 한 번, 돌아가시던 그해에 김장김치는 먹을 만하다고 했다. 살림 솜씨는 시간 타래를 차근차근 풀어내는 문제였다.

가족 소풍을 가기로 한 날이다. 약속된 시간 내에 음식을 내놓으려면 서둘러야 한다. 미리 장 봐놓은 재료를 꺼내어 급히 다듬지만 앞서는 마음을 따르지 못하고 있다. 딸 솜씨는 어머니를 닮는다는데 그것만은 천복이 아닌지 지금껏 만족스럽게 음식을 해내지 못한다. 완성된 반찬을 담고 밥이 지어지는 냄새가 나자 창밖이 희뿌옇게 밝아온다.

인근 지역에 자주 소풍 가는 장소가 있다. 오래된 집들이 산허리를 지키고 있어서인지 오름길이 푸근하다. 검색하면

뭐든 알 수 있는 세상에도 숨고 싶었는지 휴일에도 사람들이 거의 없다. 타래로 둘러선 소나무 사이로 들어오는 비경이 잡념을 떨쳐버리고 키 작은 꽃이 핀 길섶은 포근한 인사를 해준다. 허리 긴 해송이 구부정하게 서 있는 모습이 마중 나온 촌로처럼 정겹다. 정자 마루에 널따랗게 돗자리를 펴 놓고 아홉 명이 빙 둘러앉으니 꽤 복닥거린다. 언제 이렇게 식구가 불어났나. 남편과 만났던 때가 그저께 같은데 수십 년이 후다닥 지났다. 소나무 사이사이로 아이들 웃음꽃이 만발하니 어머니 목소리를 바람결에라도 듣고 싶어진다.

도시락을 다 꺼내고 마지막으로 보자기를 풀자 밥솥 들고 소풍 나오는 사람이 어디 있냐며 다들 한바탕 웃음보가 터진다. 그야말로 밥솥이 소풍 따라 나온 날이다. 솥째 들고 온 나름의 이유가 있다. 어머니가 평생 그랬듯이 가족들에게 더운 김 오르는 밥을 먹이고 싶어서였다.

딸들이 실타래 풀듯이 느릿느릿하게 소풍 상을 차리고 있다. 자식은 부모의 안 좋은 점도 닮는다더니 하필이면 어미 느린 손을 닮았다. 젊은 시절에 나도 듣지 않던 잔소리는 할 수 없는 노릇이니 기다려 줄 일이다. 기다리다 허기진 눈들이 주걱으로 몰려든다. 점심을 먹는 동안 난데없이 무지개가 뜨고 희미한 달이 누워 있다. 참 신기하지, 여러 색깔 타래실이 '그때도 그랬지' 하는 것 같다.

언제부턴가 소소한 일에도 옛날 생각이 떠오른다. 할머니가 내려다보는 유년의 뜰에, 숱 많은 머리를 갈라가며 타래타래 땋아주는 어머니 치마폭에 내가 앉아 있다. 할머니가 집안을 아우르는 타래난초 줄기라면 어머니는 부지런한 꽃줄기였다. 그 안정한 줄기 속에 피어나던 우리….

딸네 가족과 헤어지고 집 안에 단둘이 들어선다. 품에 안고 토닥토닥 재워야 잠들던 두 딸이 사진 속에서 여전히 웃고 있다. 어서 갔으면 했던 세월 한 뭉치를 타래타래 풀어놓고 보니 허전함이 밀려온다. 내가 갓난쟁이 첫딸 업고 친정에 다녀오던 날 어머니 마음이 이랬나.

베란다를 내다보니 타래난초가 꽃을 더 달아 놓았다. 꽃을 총총히 달고도 곧게 설 수 있는 것은 줄기의 힘이리라. 사는 일이 다 그러겠으나 어머니가 된 여자는 자식에게 변치 않는 중심이다. 어머니가 그랬고 나도 그랬듯이 딸들도 생의 타래를 풀어내어 단단히 감을 것이다. 참 중한 삶, 툭 치고 지나는 바람에 흔들리던 타래난초가 자세를 다잡고 있다.

해국

　내 눈빛이 순박해졌다고 한다. 오랫동안 알고 지낸 벗이니 제대로 본 말이다. 숨차고 고단했던 책임이 하나둘 떠나면서 주고 간 선물이다. 헐렁하게 주어진 시간은 은근히 벅차오르게 한다. 산길을 천천히 걸으며 낮게 피는 야생화와 눈 맞춤하는 날이 잦아졌다.

　키우고 있는 야생화 중에 해국海菊 꽃이 한창이다. 해국은 이름처럼 바다에서 자라는 국화과의 야생화이다. 해국 모종을 들여왔을 때는 멀구슬처럼 연녹색 작은 꽃봉오리 하나가 맺혀 있었다. 세월이 깊어가던 어느 날, 해국 꽃잎이 벙글어지기 시작했다. 아기가 주먹 쥐고 손가락을 하나하나 펼치듯 갸름한 꽃잎이 차근차근 피어났다.

　해국 자생지가 궁금해졌다. 동해안 여러 곳에 자생지가

있다지만 자주 다녀서 익숙한 포항을 선택했다. 시댁 본향 근처에 있는 호미곶에 자주 드나들면서도 해국을 미처 몰랐다. 대충 보는 습관 탓에 해마다 귀한 구경을 놓친 것이다. 이번에는 해국만 보고 오리라 작정하고 여행을 떠났다.

  바다 여행을 하면, 설핏 잠이 들어도 차창 틈으로 들어오는 내음으로 목적지에 다다랐음을 알게 된다. 느슨하게 가을 바다에 심취하는 동안 해국 자생지를 지나치고 말았다. 가는 길이 있으면 돌아오는 시간도 있을 터, 차를 돌리는 동안 해안의 반대편 자락에 감국이 노랗게 물든 풍경을 즐길 수 있었다.

  해국이 기다리는 곳에 도착했다. 흑암 사이로 보이는 바다에 가을 하늘이 먼저 내려와 있었다. 곶에서 멀리 떨어진 바다는 양떼구름 같은 파도가 간간이 밀려올 뿐, 아침이라 그런지 인적이 뜸해서 고요하다. 가슴을 활짝 열어 오롯이 해풍 숨결을 느꼈다. 생명의 원천은 바다가 아니던가, 스피어민트 향이 섞인 듯한 시월 바다가 들숨에 들어왔다.

  바닷물에 조금 잠겨 있는 바위마다 해국이 한창 피어 있다. 잔돌을 밟아가며 다가가 보니 풍화되어 옴팍해진 암석이 해국 무더기를 보듬었다. 해국은 산과 들에 피는 꽃처럼 가냘프지 않고 잎과 꽃대도 튼실한 편이다. 베란다에서 키우고 있는 해국보다 낮은 키에 줄기와 잎은 통통하다. 해풍

내 눈빛이 순박해졌다고 한다.
숨차고 고단했던 책임이 하나둘 떠나면서 주고 간 선물이다.
헐렁하게 주어진 시간은 은근히 벅차오르게 한다.

으로 기온이 낮아지는 밤을 이겨내기 위해 키를 낮추고 또 낮추었을 것이다. 해가 가장 먼저 뜨는 곳에 해국이 자리 잡고 있다. 굳이 동해안에서 군락을 이루는 자연조건을 짚어 보면 따사롭고 신선한 아침 햇살이라 하겠다. 해국은 일출을 기다리는 꽃이다.

 육지로 향하는 둔덕으로 가면 해국과 사데풀꽃 무리를 볼 수 있다. 키가 큰 사데풀꽃은 뒤쪽에, 해국은 바다 가까운 곳에서 질서 정연하게 동쪽 볕을 쬐고 있다. 사데풀꽃은 언뜻 보기에는 민들레와 닮았으나 해국처럼 가을에 피는 국화과이다. 톱니처럼 생긴 민들레 잎과는 달리 사데풀 잎은 긴 타원형이다. 바닷바람이 수억 번을 스치는 동안 이파리도 둥글둥글해졌으리라. 강한 해풍에 맞서 키를 높이면 부러지는 이치를 식물도 알아채고 적응한 것이다.

 해국이 있는 바다 정경을 조망하기 위해 근처 송림으로 오른다. 오솔길 초입에서 해국 군락지가 펼쳐진다. 비탈길에 서 있는 해송 밑동은 연보라 천지였다. 연보라. 자연이 뿜어내는 색을 단정할 수 있는 언어가 마땅치 않다. 빨간색과 파란색 수채화 물감을 아무리 잘 섞는다고 해국 꽃잎을 표현하기에 부족하지 않을까. 철썩거리는 순간의 동해 바닷물을 한 방울씩 넣어가며 조심히 섞으면 모를까.

 독야청청 소나무와 다소곳한 해국의 조합은 묘하게 어울

린다. 밑동을 간질이는 해국을 묵묵히 품어주는 소나무가 늠름하다. 송림이 깊어지는 곳일수록 해국 꽃대는 햇빛을 더 받으려고 까치발을 하느라 길어졌다. 환경을 탓하지 않고 적응하며 살아가는 식물에 잠시 숙연해진다.

해국이 행여 발길에 다칠세라 요리조리 자박거리며 걷자니 종일 있고 싶다. 바다를 굽어보는 해국을 보고 또 보게 되어 나도 망부석이 되는 것 같다. 떠나기 싫은 마음이 해국 무성한 길섶에 내려앉는다. 해국 꽃잎에 고개를 숙여 가만히 냄새를 더듬어 본다. 연신 불어오는 바람 탓인지 향기가 나지 않는다. 해국이 바다에 젖어 꽃향기를 잃었는지 모른다.

바닷가에 해국이 있다면 산에는 구절초가 있다. 해국은 줄기에 꽃이 한 송이만 피고 구절초는 아홉 마디 줄기마다 꽃을 달아서 한 뿌리만 있어도 풍성하다. 해국과 구절초는 어촌과 산촌으로 시집간 자매처럼 낯빛이 닮았다. 보라와 초록이 보색이듯이 해국과 구절초의 배경에는 소나무가 있다. 자연이 그려놓은 작품을 감상하는 방법은 그림과 다르지 않다. 질감이나 모양새보다는 구도와 여백의 미를 멀찍이 서서 감상해야 한다. 오늘 해국과 사데풀꽃이 해송과 바다가 잘 어우러지는 풍경 속에서 나도 섞인다.

집에 오자마자 해국꽃에 코를 들이댔지만 한창 만발하고

있는 단정화와 오렌지재스민 향기에 섞여 해국 냄새가 구별되지 않는다. 꽃이 말을 한다면 부담스럽다고 할 정도로 고개를 주억거려가며 킁킁거렸더니 국화 냄새가 연하게 났다. 사방이 트인 해안의 해국도 바닷바람에 향기가 금세 묽어졌을 것이다. 조용한 성품을 가진 사람이 거름망 없이 속말을 드러내는 이와 함께하는 것과 같다.

열심히 살았던 세월이 저만치 떠나고 보니 산은 산대로 물은 물대로 좋은 나이가 되었다. 인생의 가을에 접어드니 돌아보는 곳마다 홍엽이다. 어지간하면 곱게 보려고 하니 찡그릴 일 또한 없다. 넉넉해진 마음에 꽃들이 총총 들어선다. 베란다 해국꽃이 피면 주섬주섬 배낭 챙겨서 호미곶에 가봐야겠다.

중독

 C와 작별했다. 다시는 보지 않으리라 입을 앙다물고 돌아섰다. 그때는 몰랐다. C가 내 머릿속을 칡넝쿨처럼 친친 감고 있다는 사실을….

 간절한 마음을 잊기 위해 아침마다 달린다. 평소라면 빠르게 걸어도 힘들지 않던 길이 만만치 않게 이어진다. 헉헉거릴 때마다 스치는 바람에 집착 한 겹씩 걷어내는 듯하다. 그것도 잠시, 시원하게 땀을 말려주던 C가 간절해진다. 시간을 되돌리고 싶은 생각이 꿀떡 같지만 참고 또 참는다. 사십 년 가까이 이어온 정을 단박에 떼어내다니 나도 참 모질다.

 한동안 천연 염색에 빠진 적 있다. 염색한 옷은 흐르는 시간만큼 빛바래진다. 옷도 오래 입으면 정드는지 쉽게 버리

C와 작별했다.
다시는 보지 않으리라 입을 앙다물고 돌아섰다.
그때는 몰랐다.
C가 내 머릿속을 칡넝쿨처럼 친친 감고 있다는 사실을….

지 못한다. 영원한 것이 어디 있으며 이별도 함부로 할 일이 아니다. 바람 좋은 날에 마지막으로 입었던 원피스를 손빨래해서 한나절 널어두었다. 보송하게 마른 옷을 곱게 접어서 쓰레기 봉지에 넣었다.

C는 언제나 쌉싸름한 향이 났다. 때로는 담박하고 구수하게 다가왔다. 내가 지친다 싶으면 선뜻 다가와 위로해주었다. 나도 좋으면 남도 좋은 법, 인기도 많았다. 사람들도 모임 자리마다 C를 불렀다. 이야기를 듣는 중에 버릇처럼 그를 끌어당겨 두 손으로 꼭 잡고 의지했다. 추워도 더워도 C를 찾았다.

C를 처음 만난 날은 열아홉 살 여름이었다. 버스에서 내려 한참을 걸어야 일가 댁에 도착하면 더위가 턱에 닿았다. 거실에서 부채질하고 있으니 C가 나왔다. 쌉싸름하지만 온몸의 열기를 씻어주던 첫 느낌이 싫지 않았다. 그날은 왠지 C에 대한 기억만 남았다.

나는 일 년 중 밤을 지새우는 일은 다섯 손가락에 든다. 참새와 같은 시각에 일어나니 흔히들 말하는 아침형 인간이다. 기억하기로 학창 시절이나 직장 출근 시간에는 지각한 적이 없다. 나팔꽃처럼 해가 뜨면 생기가 돌고 어둠이 내리면 서서히 눈꺼풀이 말린다. 수렵 채취로 먹고살던 구석기 시대 유전인자의 흔적이 잠 습관에 남을지도 모른다.

도시는 온전한 밤이 없다. 한 줄기 전기 빛이 스며들지 않은 곳이 없으니…. 인공지능의 시대에 사는 나의 화두가 '밤을 낮처럼 살아보기'이다. 지독한 잠 습관은 부모가 돌아가신 슬픔을 뛰어넘을 정도이니 본성이란 얼마나 질긴 것인가. 밤에 자지 않으면 이튿날에는 머릿속이 맑지 않아서 애를 먹는다.

어떤 이들은 숙면에 방해가 된다고 오후에는 C를 거절한다는데 나의 숙면에는 상관없다. 자리만 익숙하면 베개에 머리를 대자마자 잠에 빠진다. 밤에 반드시 해야 할 일로 몰려오는 잠을 물리치자면 반드시 C가 필요하다. 밤의 깊이만큼 짙은 C가 간절해진다. 그마저도 인이 박였는지 눈꺼풀이 태산을 지고 내려온다. 날이 새자마자 컴퓨터를 열어보면 모니터가 보여주는 괴발개발 쓴 글을 읽게 된다. 글을 지우면서 C에게 지나치게 의존하고 있다는 걸 새삼 깨닫는다.

C와 멀리하기로, 아니 아예 안보기로 한 지 나흘째다. 만남이 있으면 헤어짐도 있다지만 급작스러운 이별은 쉽지 않다. 사나흘 소소리바람을 맞고 앓는 몸살처럼 눈앞이 흐릿하고 머리가 지끈거린다. 감기인가. 첫날은 그럭저럭 넘기고 다음 날부터 뙤약볕 아래 뽑힌 풀마냥 축축 처진다. 별수 없이 만사 제쳐두고 모로 누워본다. 대낮에 오지 않는 잠을 청하며 눈을 감고 있자니 또 C가 생각난다.

친구들과 재미 삼아 타로 운세를 본 적 있다. 각자의 운명을 알려주고 카드를 챙기던 주인에 나를 쳐다보더니 '느티나무 같은 사람이네'라고 했다. 여자더러 한 떨기 장미화도 아니고 나무 같다니 어쩨 기분이 좋지 않았다. 무엇보다 나무라면 한번 정한 자리에서 성장하는 나무가 아닌가. 비바람과 한파에도 자리를 지키는 것이 나무의 운명이다. 그 이후로 느티나무 앞에만 서면 한동안 올려다보는 계기가 되었다.

살아 있는 것들은 환경에 영향을 받는다고 한다. 맏이로 태어나고 맏며느리로 살면서 독립적이고 의지가 강해졌다. 속상한 일이 있어 속울음 우는 날이면 C가 말없이 온기를 더해주었다. 실바람에도 잔가지가 흔들려 떨어질까 걱정하는 느티나무처럼 살았다. 가진 것이 있으나 없으나 자유롭지 않은 나무처럼…. 요즘 들어 나를 마주하는 날이 많아졌다. 나무 겉껍질 같은 나에게도 물관처럼 가늘게 흐르는 여린 속이 있었던가. 아프고 속상하던 기억이 삭정이처럼 군데군데 남아 있다.

C는 커피이다. 직장을 다닐 때부터 자주 마신 것 같다. 그때는 타자로 문서 작성하던 시절이어서 오타가 나면 곤란했다. 화이트 액으로 지우고 진행하면 되지만 인쇄하면 보이는 흔적을 참을 수 없었다. 정신을 바짝 차려가며 문서 작성

하는 동안 커피 마시기는 필수였다. 쓴맛을 없애려고 설탕과 크림을 잔뜩 넣어 휘휘 저어서 마시던 커피는 부드러운 연갈색이었다.

달곰한 커피보다 아메리카노가 더 좋아진다면 인생의 쓴맛을 안 탓이리라. 좀 더 진한 맛을 원하여 카페에 가면 '샷 추가'를 당부한다. 샷은 에스프레소 한 컵 양이라니 지독한 커피광이 된 것이다.

다른 차도 많은데 유독 커피를 좋아하느냐고 물어온다면 딱히 할 말이 없다. 그저 공기나 물처럼 익숙해졌을 뿐이다. 커피는 많이 마셔도 취해서 비틀거리거나 정신이 흐트러지지 않지만, 나는 분명 커피 중독이었다. 카페인에서 벗어나기 위해 고군분투하느라 진은 좀 빠졌으나 개운해졌다. 놓은 만큼 가벼우니 얼마나 좋은가. 40년 가까이 이어온 커피와의 연은 단 4일 두통에 시달리면서 고별했다.

커피, 안녕!

PART 4
나비수국

무궁무진 · 석류나무와 어머니 · 헌책 · 탱자나무는 흔들리지 않는다 · 나비수국 · 삼방에 살고 지고

무궁무진

가을바람에 잎이 서걱서걱 떨어지는 날이었다. 우연히 시 한 편이 눈에 띄었다. 시의 첫 연을 읽는 순간 눈길이 멎어 버렸다. 불덩이를 안은 듯 가슴이 뜨거워졌다.

> 그럼, 수요일에 오세요. 여기서 함께해요. 목요일부턴 안 와요. 올 수 없어요. 그러니까, 수요일에 나랑 해요. 꼭, 그러니까 수요일에 여기서 …
> ―박상순 〈무궁무진한 떨림 무궁무진한 포옹〉 일부

제17회 '미당 문학상' 수상작이다. 시를 잘 모르지만, 알 수 없는 강한 힘에 끌렸다. 시를 읊조리자 작가의 마음이 저절로 풀이되었다.

작가는 그동안 고백하지 못하였던 간절함을 전하려 한다. 목요일에 떠나므로 수요일에 만나자는 다짐을 한다. 수요일 뿐임으로 수요일에 만나자고. 그 요일을 기다리는 동안 남자는 숨을 쉴 때마다 온몸에 그녀가 들어찼을 것이다.

애타는 기다림의 끝에서 그녀에게 전화가 온다. 이틀 전에 오겠다던, 하지만 못 온다는 거절 통보를 하루 전에 하는 여자도 남자의 심정을 알고 있기에 갈 수 없는 이유가 절절하다. 무궁무진한 핑계를 대는 여자의 냉정과 기다림 끝에 허물어지는 남자 절망이 평행선을 이룬다. 더 이상 아무것도 할 수 없는 영혼은 죽음뿐, 차라리 애초부터 없었더라면 하는 미련이 긴 여운을 남긴다.

손이 부들부들 떨렸다. 마치 욕조 속으로 조금씩 가라앉아 목만 내놓고 앉은 것처럼 온몸이 뜨거워졌다. 요리조리 핑계를 대지만 애타게 기다리는 남자의 마음을 끝내 외면할 수 있을까. 나라면 당장 달려가고 싶은 심정인데.

그냥 반했다. 글에 반했는지 시인에게 반했는지 구별할 필요가 없다. 혀에서 시어가 밥알처럼 구르고 있는 것만 분명하다. 시적 화자의 말을 되새기자마자 섬광이 번쩍 터졌다. 올 때까지 기다리겠다던 오래전 한 남자의 애절한 목소리가 들려왔다.

"일요일 뭐해요. 시간 내줘요. 딱 한 시간만 이야기해요. 10시예요. 올 때까지 기다려요."

그리 크지 않은 키, 깡마르고 주근깨가 다닥다닥 붙은 얼굴, 눈빛만 초롱초롱한 남자가 허스키 목소리로 데이트 신청을 했다. 평소의 이상형과는 거리가 있어 바쁘다는 핑계를 댔다. 남자의 눈빛을 피하려고 일부러 멀리 보는 척했다. 더듬거리며 말을 잇는 그에게 면박을 주듯 기다리지 말라고 단호하게 거절했다.

시간이 흘러도 더듬거리던 그의 눈빛과 목소리가 잊히지 않았다. 그가 정해준 일요일이 되었다. 여느 때처럼 직장 나가는 엄마를 대신해서 동생들 밥을 챙겨주고 빨랫감을 죄다 꺼내 빨래를 했다. 가을 햇살이 빨랫줄을 당기는 동안, 그 남자가 기다릴까 하는 궁금증이 안개처럼 스멀스멀 일었다. 청소가 끝난 집 안을 공연히 서성이며 다른 일이 남아 있는지 둘러보았다. 천천히 옷을 챙겨 입고 집을 나섰다. 코끝을 스치는 바람에 몸을 움츠렸다. 트렌치코트를 입기에 딱 좋은 가을 오후였다.

거리는 스산했다. 나를 지켜보는 사람이 있는 것처럼, 마지못해 가주는 것처럼 느릿느릿 걸어서 해운대행 버스가 서는 정류장으로 향했다. 한 쌍의 연인이 팔짱을 끼고 맞은편에서 걸어왔다. 어디선가 풀빵 냄새가 들숨에 섞여 들어왔다. 허기가 몰려왔다. 점심을 먹지 않았다는 생각이 떠올랐다. 정류장 옆 레코더 가게에서 〈J에게〉라는 노래가 흘러나왔다. 어서 가보라고 재촉하듯 발밑에서 가을바람이 묻은 낙엽이 뒹굴고 있었다.

누누이 만나자고 하던 '뿌리 다방'에 들어섰다. 눈치껏 둘러봐도 그가 보이지 않았다. 벽시계는 오후 3시를 넘어가고 있었다.

'그럼 그렇지. 올 때까지는 무슨….'

다섯 시간이 넘도록 기다릴 리 만무했다. 실망감이 밀려왔다. 자존심도 상했다. 발길을 돌리려는 찰나, 화장실에서 그가 나왔다. 긴 쑥색 바바리코트가 유난스럽게 눈에 띄었다. 세상에, 환한 얼굴로 나를 보고 있었다. 무언가 훔쳐보다 들킨 사람처럼 머쓱했다. 그와 마주하는 의자에 맥없이 앉았다.

그는 끝없이 말을 이었지만 내 귀엔 낙엽 뒹구는 소리로 들렸다. 연신 시계를 보자 그가 데려다준다고 했다. 집으로 오는 택시 안에서 망설이던 그가 오스스 떠는 내 손을 잡았다. 따스한 체온이 전해져왔다. 미묘하게 전해오는 온기에 철벽같은 경계가 허물어졌다.

무궁무진은 입말에만 적용되는 것이 아니다. 숱한 말과 글을 졸이고 졸이면 침묵으로 결정화된다. 때로는 한 번의 눈짓, 한 번의 손길이 천天만萬 마디의 말을 이겨낸다. 그래서 침묵이 말보다 귀하다고 한다.

  30년이 지났다. 그는 은행잎이 떨어져 쌓이면 지금도 밤길을 걷자고 한다. 춥다고 투덜거리면 코트 주머니로 슬며시 내 손을 잡아 이끈다. 떠는 손으로 차가운 손을 잡아주는 그 남자는 지금도 묵묵히 내 곁을 지켜준다.
  뜨거운 시 한 편이 묵었던 추억을 다시 피웠다. 무궁무진한 기다림을 작정하였던 그의 심정을 알게 되었다. 깊이 뿌리내린 한 그루 사철나무처럼 굳건한 정성에 눈시울이 붉어진다. 은행잎이 떨어지는 햇살 고운 어느 수요일, 그만을 위해 자작한 시를 읽어주고 싶다. 함께할 무궁무진한 날들을 위해.

석류나무와 어머니

석류나무가 해 뜨기를 기다리고 있다. 나무가 열매를 달기 시작하면 한 움큼 햇살도 소중하리라. 수많은 꽃이 양보하여 맺은 석류가 둥글게 차올라 붉게 물들고 있다. 희끄무레한 빛이 그려낸 베란다의 새벽 풍경이 오늘따라 호젓하다.

석류나무는 목질이 터실터실하고 가시가 돋아 있어 탐나는 수종은 아니나 가지마다 선홍빛 꽃이 달리기 시작하면 장관을 이룬다. 해마다 이웃집 담장 너머 석류꽃만 올려보다가 온전히 보고 싶은 욕심에 석류나무를 사들였다. 관상용이지만 한철 꽃만 보아도 만족할 것이다.

석류나무 한해살이를 보면 유교 사상에 자유롭지 못하던 여인의 생애와 비슷하다. 붉은 꽃이 만발하여도 열매를 맺지 못하면 석류나무는 가치가 없듯이 며느리도 그랬을 것이다. 옛날에 자손이 귀한 집에서 며느리를 들이면 석류나무를 심었다. 나름의 비책으로 소지품이나 비녀에도 석류를 수놓으며 득남을 기원했다.

 석류꽃은 절정에 차오르다 단호하게 낙화한다. 잎새와 줄기에 이별도 없이 툭! 차가운 바닥에 떨어져 반나절 날숨 끝에 시든다. 미련 없이 떨어지는 석류꽃을 볼 때면 갑자기 돌아가진 어머니가 떠오른다. 지금이라도 어머니가 그해 입었던 석류색 원피스를 입고 현관문으로 들어선다면 왈칵 안아주고 싶다.

 가끔 엄마를 윤 여사라고 불렀다. 학교 선생이었던 아버지와 사별한 이후로 자식 넷 건사하느라 식당일도 마다하지 않고 청춘을 보낸 어머니에 대한 존경의 의미였다. 부모가 힘을 합쳐도 자식 키우는 일이 만만치 않은데….

 석류꽃은 꽃받침이 단단하다. 어머니도 누가 부르지 않는 한, 돌아보는 법이 없었다. 그래도 동네 친구가 많은 윤 여사와 약속하려면 선약은 필수였다. 함께하는 시간에도 찾는 친구 전화가 빗발치면 '간데이'라는 말 한마디 남기고 일어섰다. 총총히 걸어가는 어머니를 등 뒤에서 부르면, 뒤돌아서서 미소 한 줌 날려주던 모습이 눈에 선하다.

 어머니의 택호는 대구댁이다. 대구댁은 가문의 의미가 퇴색한 세상에 살면서도 파평 윤씨임을 잊지 않았다. 홀로 사남매를 키우는 의지의 고갱이였으리라. 재작년 여름, 어머니가 대구에 가보자고 했다. 빛바랜 기억을 더듬으며 서문시장에 갔다. 옷 구경하며 앞서 걷던 어머니가 원피스를 만지작거리고 있었다. 어머니를 뒤따르던 내가 얼른 원피스를 샀다. 둥근 카라가 귀여운 성근 짜임의 붉은 리넨 원피스였다. 어머니는 한 해 여름만 원피스를 입고 다녔다.

석류꽃은 꽃잎이 젖혀질 정도로 활짝 피지 않는다. 다른 꽃과는 달리 꽃받침이 볼록해져서 떨어지지 않으면 석류가 된다. 어머니는 평생 남아선호 사상에서 벗어나지 못했다. 딸 둘을 낳고 마음 졸여가며 낳은 첫아들이 어머니의 구세주였다. 딸과 달리 아들을 가지면 입맛도 다르더라는 무용담 같은 출산기는, 딸 둘만 키우겠다는 내 말과 함께 잠잠해졌다.

여름이 거의 끝나갈 즈음, 어머니가 여행 배낭을 메고 왔다. 하필이면 동화책 출간하는 이가 부탁한 워드 작업 중이었다. 세끼 밥상 차리는 정도의 대접만 할 수밖에 없었다. 설거지하고 다시 노트북 앞에 앉자 나물을 싫어하는 어머니가 점심은 열무에 밥 비벼 먹자고 했다.

다음 날, 어머니가 밑바닥을 보인 열무 김치통을 보더니 새로 담가야겠다고 했다. 당장 바쁜 일 끝내고 하겠노라고

석류꽃은 절정에 차오르다 단호하게 낙화한다.
잎새와 줄기에 이별도 없이
툭! 차가운 바닥에 떨어져 반나절 날숨 끝에 시든다.

거듭 말했더니 방에 들어가서 모로 누웠다. 어머니의 '모로 눕기'는 매우 화났다는 표현이다. 그 마음을 알기에 노트북을 덮고 해거름에 시장으로 나섰더니 어둑한 길에 보슬비가 내렸다. 열무가 어머니 마음을 풀었다.

이틀 뒤 저녁상에 어머니가 좋아하는 불고기 전골을 올렸다. 열무김치에 고추장에 참기름 한 숟갈 넣고 쓱쓱 비비는 나를 보고 조심스레 물었다.

"아직 맛이 안 들었을긴데… 열무가 쪼매 질기더라."

그해 시월 어느 날, 한여름 태풍처럼 비바람이 불었다. 팔순을 앞둔 노인이 외출하기에 위험한 날씨였다. 어머니에게 나가지 말라는 전화를 했지만 이미 외출한 뒤였다. 초조히 연락을 기다리다가 휴대전화를 손에 든 채 까무룩 잠이 들었다. 싱숭생숭한 꿈에서 깨어나자 알 수 없는 불안이 밀려왔다.

저녁이 다 되도록 연락이 되지 않았다. 노래 교실에 가는 날인가, '백 원 화투 모임'이 있는 날인가. 광폭해진 바람이 창을 두드리고 밖은 이미 어둠에 깔리기 시작했다. 큰 남동생의 전화가 왔다.

"누야, 여기 병원이다."

정으로 뒤통수를 맞으면 그런 느낌이었을까. 가슴에 화강암 바위가 떨어지면 그럴까.

의사가 뇌출혈이 심하여 손을 쓸 수 없다며 마지막을 준비하라고 했다. 어머니 코에서 연신 흐르는 혈액을 닦아냈다. 어릴 적 동생들에게 양보했던 젖가슴을 살며시 만져보았다. 어머니에게서만 느낄 수 있는 온기가 희미하게 느껴졌다. 누워 있으면 허전할 수 있겠다 싶어 발을 주물렀다. 외가가 장수 집안이라 어머니는 거뜬히 백수 할거라며 믿은 잘못이 태산처럼 밀려왔다.

창문을 열자 풀벌레 합창을 실은 바람이 훅 들어온다. 뻣센 석류나무의 유려한 가지 끝에 석류가 흔들린다. 두 손을 가새질러 양어깨를 잡아도 춥다. 베란다에 석류꽃이 피고 지는 계절이 오면 또 어떻게 견뎌야 할지.

헌 책

올봄은 유난히 안타깝고 호젓하다. 푸르던 시절은 사월을 닮았다. 얼마 들썩이지 않은 듯한데 봄은 무정하게 가버렸다. 밤비가 타닥타닥 내리더니 하늘이 말갛게 아침을 열었다.

손을 뻗어 그저께 받아 놓은 책을 끌어당겼다. 한 시간여 글을 쫓아가던 눈이 기운을 잃는다. 애먼 안경 렌즈를 꼼꼼히 닦고 닦아낸다. 비 내린 후의 하늘빛이 아까워 덮어 둔 책을 펼쳤다 덮어가며 책과 씨름을 한다. 눈이 나빠져서야 나만의 시간이 넉넉해졌다. 시력이 좋았을 때 잠은 왜 그리 많았는지 아이들에게 동화책 몇 권 읽어 주다가도 금세 자몽했다. 글을 빨리 읽는 편이지만 기억력이 나빠져서인지 앞장을 몇 번이고 다시 읽는다. 그래도 책에 몰입하는 시간,

새로운 정보를 저장하는 능력이 떨어진다는 사실을 잊는다면 더 좋다.

독서는 나의 무지함을 메우려는 궁여지책이기도 하지만 이렇다 할 뚜렷한 취미가 없다. 볼링을 즐기나 실력은 시원찮다. 모임에서 안주 축내가며 고래고래 노래라도 부르는 성의가 가상해서 끼워주는가도 싶다. 굳이 취미라면 꽃을 키우며 책을 뒤적거리는 정도이다. 재미없는 나와 친구 해주는 이들에게 감사할 지경이다.

책을 대부분 사서 본다. 도서관에서 빌릴라치면 도서관 담당자로부터 도서 반납하라는 문자를 받아야 하고 반납하거나 재대여하는 절차가 부담스럽다. 새 책을 사려니 비용도 만만치 않은 문제여서 헌책방을 서성이게 된다. 물론 신간이 궁금할 때는 서점에 들르기도 하지만 인터넷으로 구매한다. 가격을 비교하면서 살 수 있으니 나에게는 안성맞춤이다.

몇 년 전부터는 중고책 사이트에서 딜러로 활동한다. 소장하고 싶은 책 몇 권 빼고는 저렴한 가격으로 팔아서 필요한 책을 살 수 있어 효율적이다. 주문을 받으면 헌책이라도 정성을 다해서 보낸다. 책을 몇 겹으로 싸거나 뽁뽁이로 감싸서 마지막 포장하는 정성을 아끼지 않는다.

헌책을 받으면 보낸 이의 됨됨이도 동봉이 되어온다. 시가 인쇄된 엽서를 넣은 이가 있는가 하면 티백 하나를 넣어 보내는 곰살맞은 사람도 있다. 책을 사고팔다 보면 헌책을 주고받기만 하는 사이가 아니라 행복 배달꾼이 된다. 책 포장지를 열자마자 파스 냄새가 진동한 적도 있다. 얼마나 파스를 많이 사용하면 책에 배여 있단 말인가. 책 주인이 고단한 노동자이거나 관절염에 시달리는 노인임을 짐작해본다. 책을 놓지 않으려는 의지가 배인 책이다. 헌책에는 인생의 묵은 냄새가 더해져 한 권이 아니라 두 권을 얻은 듯하다.

중학교에 입학하고 이맘때였다. 국어 시간에 선생님이 이광수의 《무정》을 읽어보라고 했다. 아버지의 퇴근 시간을 기다렸다. 처음으로 서점에 갈 기회에 약간 들떠 있었다. 저녁상을 물리자마자 베개를 고여 벽에 기대는 아버지 앞에 다가앉아 국어 선생 말을 그대로 전했다. 아버지는 헌책방에 가서 책을 사라며 양복 윗도리에서 지갑을 꺼내오라고 했다. 기대했던 답변이 아니어서 실망했지만 거역할 엄두가 나지 않았다. 일요일, 아침밥을 먹자마자 주머니 속 돈을 만지작거리며 헌책방을 찾으러 다녔다.

시장 앞 큰길을 지나니 책을 내놓은 허름한 가게가 보였다. 헌책방은 내리막 중간쯤 있었다. 오래된 양옥 나무 문틀이 삐딱하게 틀어져 있어 금방이라도 무너질 듯했다. 주머니 속을 확인하며 책방에 들어섰다. 묵은 때가 더께더께 얼

비 내린 후의 하늘빛이 아까워 덮어 둔 책을
펼쳤다 덮어가며 책과 씨름을 한다.
눈이 나빠져서야 나만의 시간이 넉넉해졌다.

룩진 바닥은 걸음걸이가 조심스러웠다. 딱히 뭐라고 표현을 할 수 없이 쿰쿰한 공기로 가득했다. 알 수 없는 유기물이 곰삭고 담배에 찌든 사랑방 창호지에서 나던 냄새가 섞여 있는 듯했다. 주인아저씨도 널브러진 책만큼 외모가 꾀죄죄했다. 선생님이 읽으라고 하는 귀한 《무정》이 과연 있을까 싶었다. 책 무더기를 보니 막막하기 그지없어 주인을 힐끗 돌아보았다. 주인은 쌓인 책을 깔고 앉아 막걸리를 마시고 있었다.

열네 살, 술 마시는 주인에게 책을 찾아달라고 할 용기가 없었다. 아저씨의 쩝쩝거리는 소리가 간간이 들렸다. 책을 만질 때마다 먼지가 푸석거려서인지 마른기침이 났다. 헌책과 함께 갇힌 기분이 들었다. 바닥에 쌓인 책을 행여 무너질까 피해 가며 《무정》을 찾았다. 아저씨가 저적거리며 다가왔다. 주인이 책 찾기에 합세한 덕분에 먼지를 뒤집어쓴 《무정》을 손에 들었다.

예상과 달리 책을 사고도 꽤 많은 거스름돈이 남았다. 아버지는 필요한 거 사라고 했다. 나는 그때만 해도 가난해지는 날이 오리라는 걸 몰랐다. 아버지의 마지막 선물, 《무정》은 수없이 한 이사 틈에 휩쓸려 없어졌다.

자식은 부모를 닮는 법, 나도 그러했다. 한창 하는 일이 잘되어 넉넉해도 지갑에는 사오만 원 정도만 넣고 다녔다.

사춘기에 접어든 둘째 딸이 굳이 필요치 않은 물건을 사달라고 할 때마다 나는 두말하지 않았다. 흔쾌히 지갑을 열어 있는 돈을 탈탈 털어주곤 했는데 다음 날 아침이면 화장대 위에 돈이 고스란히 놓여 있었다. 그 돈으로 책방을 데리고 다니는 일은 당연했다.

 지난날을 돌이켜 보니 아버지는 예감하고 있었다. 자신이 떠나고 나면 맏딸이 공부하는 기회가 줄어들 거라고…. 《무정》에는 글을 읽고 공부하는 것을 멈추지 말라는 가르침이 있었다. 딸·아들 구별하지 않고 키우려던 아버지의 신념만으로도, 녹록지 않은 세상을 흔쾌히 견디며 살았다. 나는 선친의 푸른 꿈이었기 때문에….

 햇살이 좋고 적당한 바람이 불어온다. 헌책 말리기 딱 좋은 날이다. 읽던 책을 덮고 헌책을 꺼내와야겠다. 베란다에 쪼그려 앉았다. 해를 향해 책을 브이 자로 벌려가며 세운다. 사월 햇살과 바람이 책갈피 속으로 스며든다. 책을 말리다 말고 밖을 내다보니 올해 봄도 솔래솔래 지나가고 있다.

탱자나무는 흔들리지 않는다

 탱자나무의 꽃말은 '추억'이다. 탱자꽃 하얗게 피는 사월부터 노란 탱자가 열리는 구월까지 탱자 울타리는 한적한 시골 풍경에 풍요를 더해준다. 거친 나무에 열리는 탱자는 주변을 향기롭게 한다.

 마을에서 유일하게 탱자나무 울타리 집이 있었다. 대문이 없어도 일 년 내내 드나드는 이 없었다. 주인이 탱자나무 가시처럼 서늘하니 가고픈 사람이 있었을까. 새댁시절부터 홀로된 주인이 가시덤불 속 하얀 꽃처럼 홀로 피고 지고 있었다. 시집가면 그 집 귀신이 되라는 친정 어미가 했던 다짐을 새기며 살았던 것 같다.

 그녀는 나의 '젖할매'이다. 할매와 나의 전설처럼 들었던 이야기를 풀어놓자면 가슴이 저린다. 연년생 동생이 태어나자 어린 나를 데려다 빈 젖 물려가며 품었다. 빈 젖을 얼마나 물렸던지 실제로 젖이 나와서 치맛말기가 젖을 정도였다. 탱자나무처럼 꼬장꼬장하던 할매가 나를 키우면서 갓난쟁이 딸과 함께 묻힌 모정이 되살아난 것이다.

취학 전까지만 해도 눈만 뜨면 슬그머니 그 집에 가서 종일 놀았다. 탱자나무 울타리는 곶감 말리는 장소로 사용되었다. 탱자 가시에 껍질 깎은 감이 걸리면 나는 풀방구리에 쥐 드나들듯 했다. 탱자나무 곶감은 처마 밑에 걸어둔 감보다 먼저 익었다. 감이 불그스레해지고 엷은 막이 생기면 살짝 조물거려가며 먹을 수 있는지 가늠했다. 까치발로 숨을 참아가며 가시를 피해 가며 곶감을 땄다. 볕 좋은 장독대에 앉아 먹던 곶감, 달곰하면서도 쫀득하게 입안 가득 퍼지던 그 맛! 유년의 젖 맛이다.

문경 고택에 도착했다. 지난번처럼 대문이 활짝 열려 있다. 이 집은 문턱이 낮은 정도가 아니라 아예 없다. 눈을 감고도 들어갈 정도로 마당과 길 높이가 같다. 대문과 사랑방은 마주 보이게 배치되어 있다. 사랑방에서 지나다니는 이들과 눈인사를 나누거나 차 한 잔 권할 수도 있겠다. 집 구조를 살펴보면 사려 깊고 호방한 주인장의 성품이 짐작된다.

고택에 들어서자 지켜보는 이 없어도 몸가짐이 조심스러워진다. 왼쪽으로는 탱자나무가 장쾌하게 서 있다. 지난 초여름에 들렀을 때는 풋탱자를 총총 달고 있더니 서너 달 동안 익은 탱자가 제법 실하다. 몇백 년 묵은 탱자나무야 듣보면 있겠지만 가시 숭숭한 나무를 집 안에 심는 일은 흔하지 않다.

툭! 툭! 탱자가 떨어진다. 여기저기 탱자나무가 천금 같던 책임을 내려놓고 있다. 나무를 올려다보니 경외심이 저절로 생긴다. 떨어진 탱자 중에 서너 개만 집 안에 두면 얼마나 향기로울까. 그렇다고 선뜻 주머니에 넣을 수는 없는 노릇이다. 벽보에서 관리인 연락처를 찾아 전화로 양해를 구했다.

십여 분이 흘렀을까. 단풍 든 탱자 나뭇잎에 감탄하고 있을 즈음에 관리자가 손부채로 햇빛을 가리며 다가왔다. 탱자를 주워도 되냐고 묻는 이가 궁금해서 하던 일을 놓고 왔단다. 자신은 이 집을 지은 황희 7대손, 황시간을 배향하고 있는 자손이라고 소개한다.

그가 사랑채에 걸린 편액 설명부터 시작한다. 원래 있던 정우정淨友亭이라는 편액은 도난당했고, 지금 보이는 도촌유거道寸幽居 편액은 낙관이 없다며 아쉬워한다. 편액을 찾기 위해 수사 의뢰했으나 행방이 묘연하다고 한다. 참….

탱자나무 곁을 휘돌아가니 사당이 나타난다. 오른쪽 문으로 들어가서 나올 때도 오른쪽으로 나오라는 당부를 새긴다. 참으로 세심한 방법이지 않은가. 양쪽 문을 이용하게 되면 닳아지는 것도 치우침이 없으니 보기에도 좋겠다.

지금의 사당 터는 연못이 있던 자리라고 한다. 일제강점기에 일본인들이 집을 점거하면서 연못을 메우고 꾸민 정원이다. 알기로는 일본식 정원은 여백의 미가 없지 않은가. 우리 고유의 정취가 뭉개진 듯하여 안타깝다. 뒷산이 굽어보는 이곳에 수련 떠 있는 작은 연못을 그려본다.

문경는 산이 첩첩이 들어선 곳이다. 이 집은 서당이었으나 일제강점기에는 일본인들의 헌병대가 되고 사무소로도 이용되었다. 시절 풍상을 지켜보던 탱자나무가 고택의 호위 무장처럼 사방을 지키고 있다. 고택에 누구나 드나들게 하는 이유는, 조상으로부터 물려받은 문화유산을 함께하기 위해서라고 한다. 역사적인 유적을 보존하는 것도 뜻있는 일임을 강조한다. 올곧은 주인의 의지가 탱자나무 둥치처럼 단단하다.

탱자나무는 천연기념물로 이 집을 지을 때 심어졌다니 짐작하기로 오백 년을 앞둔 정원수이다. 나무도 사람도 모진 풍파에 흔들리지 않고 견뎌온 것이다. 주인과 탱자나무는 광풍이 불어도 지나갈 자리를 내어놓는 현명한 삶이 닮았다.

탱자는 매년 수확하여 청을 만들고 씨앗은 보관해둔다고

탱자 딴 자리에는 영영 꽃이 피지 않아서
떨어진 탱자만 주워야 하는 사실도 알게 되었다.
수만 수천 가시를 드러내고 있어도 상처는 잊을 수 없는가 보다.

한다. 탱자 딴 자리에는 영영 꽃이 피지 않아서 떨어진 탱자만 주워야 하는 사실도 알게 되었다. 수만 수천 가시를 드러내고 있어도 상처는 잊을 수 없는가 보다. 올곧은 탱자나무를 바라보고 있으니 나의 젖할매가 겹친다.

 탱자나무는 곧은 뿌리로 목질이 단단하여 쓰임새가 많았다. 얼기설기한 가시가 있어 답답하지 않은 울타리가 되었다. 적당한 가지를 골라 다듬으면 새총이 되고 윷가락이 되었다. 탱자의 서늘한 성질을 이용하여 약재로 쓰거나 말렸다가 차를 다려 마실 수 있다.

 초목이 살아가는 방법은 다양하다. 사철나무와 낙엽송은 온몸으로 풍상을 맞서고, 들풀은 바람에 수천만 번 맞서 자신을 지키려 애쓴다. 갈대는 아예 허리를 구부려서 흔들릴 채비를 한다. 탱자나무는 흔들리지 않는다. 성글게 솟은 가시가 바람길을 만들어 주기 때문이다. 바람길만 있으랴. 햇살 드는 가시에 겁 많은 참새도 쉬려 드는 길을 내어놓았다.

 탱자를 작은 소쿠리에 담았다. 세찬 바람과 비에 이리저리 쓸린 흔적으로 깝질이 거뭇거뭇하다. 아직도 끈적한 진액에 어미 탱자나무의 마지막 염려가 배어난다. 탱자 향기가 마음길 열어주던 젖할매를 불러온다. 녹록지 않은 삶에도 탱자나무처럼 흔들리지 않던 나의 젖할매!

나비수국

 나부시 나비가 앉아 있다. 하늘로 향한 긴 더듬이, 날개를 접고 앉은 모양새가 봄바람 타고 비상하는 순간을 기다리고 있다. 나비는 쪽물 먹인 모시옷 곱게 다려 입은 고아한 여인을 떠올려준다.
 유독 잊히지 않는 나비 꿈을 꾼 적 있다. 화려하고 신비롭게 날아오르던 나비의 군무, 그림 재주가 있다면 지금이라도 그 장면을 그릴 수 있다. 놀랍고 버거운 꿈이 아직 어둑한 시간에 나를 일으켜 앉혔다. 꿈속의 나비는 무슨 의미일까.
 연한 잔디가 돋아나 있는 산등성이에 내가 서 있다. 계단식으로 편편하게 조성된 자리 끝에 누군가 있다. 단단하고 찰흙빛 같은 살결이 청동상처럼 보인다. 가부좌를 틀고 미동도 없이 묵직하게 앉아 있어 다가가기에 조심스럽다. 하염없이 그가 돌아보기를 기다릴 뿐이다.

순식간에 그의 오른쪽 어깨가 사라지며 수많은 나비로 변한다. 주변이 연한 회색빛과 붉은빛이 혼재되면서 수천, 수만 마리의 청람색 나비들이 화락화락 날아오른다. 아무것도 남지 않은 허공에다 대고 소리친다.

'보세요, 여기 보세요. 어서요.'

다급하게 주위를 돌아보았으나 아무도 없었다. 온전히 혼자 지켜보던 현상, 소멸과 변신의 자리에 내가 서 있다.

카프카의 《변신》에서 그레고르를 보면 산 자에 적응하는 과정을 읽을 수 있다. 가족의 생계를 무겁게 떠안은 그가 출근해야 하는 아침에 벌레로 변한다. 고단한 일상에서는 벗어났으나 벌레로 다시 적응해야 하는 숙제가 주어진다. 두 다리가 아닌 여러 개의 다리로 적응하지만, 짐으로 여겼던 가족의 짐짝 같은 존재가 된다. 애벌레가 스스로 만든 고치에서 기다려야 나비가 되듯이 그레고르는 견딘다. 벌레의 의지는 던진 사과에 맞았을 때 끝나고 만다. 욕망에서 벗어나는 완전한 자유, 소멸이었다.

꿈의 잔상이 가셔지지 않을 즈음, 식물 사진에서 진보라색 꽃을 보았다. 이끌리듯이 늦겨울 바람이 불던 날, 나비수국 모종을 사들였다. 화분에 심어놓고 행여 얼기라도 할까

욕심 없이 바람처럼 사뿐 앉았던 자리가 꽃자리가 되고,
질척이며 사느라 향기롭지 않은 자리도 나비가 앉으면 꽃자리가 된다.
흔적은 남아 있는 자의 눈에만 보이는 삶의 자취이다.

애태웠다. 새잎이 하나둘 달리기에 아침마다 들여다보며 개화를 기다렸다. 두 번의 봄이 지났으나 나비수국은 감감무소식이었다

  베란다 화초들은 부지런히 새순을 다는데 나비수국은 이파리 한 장 없이 진갈색 가지만 남아 있다. 나비수국의 소생 여부를 두고 고민에 빠졌다. 쑥 뽑아서 화분 속 사정을 알아볼까. 아니면 가지 끝을 분질러볼까. 고민 끝에 검지 손톱으로 조심스럽게 가지를 긁어보았다. 다행히 물기가 촉촉한 연두색 속살이 보였다. 공연히 생채기만 남긴 꼴이다. 이 년을 기다렸는데 삼 년을 기다리지 못할까. 조심스럽게 물만 주고 일어났다.

  유월 중순 즈음이 되자 나비수국에 변화가 일어났다. 언뜻 보면 가지에 티눈이 박힌 정도의 크기지만 꽃봉오리가 분명하다. 그후 며칠, 며칠이 지났다. 나비수국 가지 끝에 한들한들 피어 있는 청보라 꽃, 아니 부전나비 한 마리가 앉아 있었다. 손끝만 닿아도 날아갈 것만 같았다.

  너무 귀하게 키운 탓인가. 사흘 만에 우아하던 꽃이 맥없이 흙 위에 스러졌다. 다시 가지에 붙여도 좋을 정도로 우아함을 간직한 채 더운 바람에 잠시 움찔거린다. 꽃은 점점 시들고 있다. 영원한 삶이 어디 있으랴 허무가 밀려온다. 마시지도 못하는 술이라도 한잔 놓고 타령이라도 하면 좋으련

만…. 그러고 보니 나비수국 꽃 진 자리가 경주 남산에서 보았던 연화대를 닮았다.

차 스승의 지도로 다우들과 헌다례 하러 경주 남산에 갔다. 삼화봉으로 향하는 산길은 험하지는 않으나 은근히 묵직하게 힘이 드는 곳이다. 산모롱이를 수없이 돌아가며 오르다 보니 능구렁이 등을 타는 듯하다. 사람의 느낌은 비슷한가 보다. 나란히 걷는 이가 이무기 능선이라고 일러준다. 이무기는 용이 되고 싶은 뱀이 아니던가. 변신은 고행이 따르는 법, 마음을 비우는 일 또한 쉬운 일이 아니다. 무심으로 오르고 또 오르면 산마루겠지.

신라의 선승 청담 스님이 차 공양을 했다는 미륵불이 있던 장소이다. 지진으로 불상이 넘어진 자리에 연화대만 남아 있다. 연꽃이 빙 둘러 조각되어 있어 연화대좌인가 보다. 꿈에서 결가부좌로 앉았던 이가 앉기에 적당한 곳이다. 이무기 꼬리로 향해 내려오는 길에서 설명하기조차 힘든 오묘한 기운이 빈 가슴에 스며든다.

사찰에서 운 좋게 나비춤을 본 적 있다. 옥사 치맛자락에서 찰나로 보이던 하얀 버선코를 기억한다. 나비춤, 걷고 있으나 걷지 않은 듯하고 장삼 자락은 펄럭이나 소리 없이 사뿐 날랐다. 한 마리 나비였다. 무희의 춤사위는 구경하는 이의 가슴에 깃들었다.

나비 꿈은 어머니 돌아가시던 그해 봄에 꾸었다. 어머니 산소에 가면 꽃도 없는 비석에 나비가 날고 있다. 그리운 마음이 앞서서 나비에게서 어머니를 느끼고 싶어진다. 태어나고 죽는 일은 누구나 겪는 일이라지만 태중에서 시작된 정은 쉬이 끊기가 어렵다. 어머니가 나비로 환생했을까. 그레고르 어머니가 벌레가 된 아들을 알아보는 것처럼….

사라지는 생물은 흔적을 남긴다. 완벽한 소멸이 어디 있겠는가. 욕심 없이 바람처럼 사뿐 앉았던 자리가 꽃자리가 되고, 질척이며 사느라 향기롭지 않은 자리도 나비가 앉으면 꽃자리가 된다. 흔적은 남아 있는 자의 눈에만 보이는 삶의 자취이다. 지금 내가 서 있는 자리는 어떤 자리인가.

삼방에 살고 지고

 책꽂이 제일 아래 칸에서 붙박이처럼 꽂힌 책을 꺼냈다. 오래전에 행정복지센터에서 받은 향토 잡지이다. 진녹색 바탕에 금빛 표제가 고루하게 느껴져 서너 장 넘기다가 밀쳐두었던 책이다. 이제 고향이려니 살고 있으니 새삼 동네 내력이 궁금해졌다.
 이곳에 터 잡고 산 지 삼십 년 가까이 된다. 다른 지역에서 풀리지 않은 일을 접고 쪼그랑 살림살이를 싣고 이사한 곳이다. 걱정은 해결에 도움이 되지 않을 터, 의지의 고갱이를 단단히 세우며 살기로 했다. 삼방동三芳洞, 형편이 꽃처럼 필 곳이라며 짐짓 기쁜 마음으로 세간살이를 부렸다.
 예전에 삼방동은 3구로 나누어진 마을이라고 한다. 아버지 그늘 같은 신어산에서 뻗어내린 줄기 위에 마을이 형성

되어 있다. 삼방동 동남쪽에 자리한 안동은 수백 년 전에는 바다였다고 하니 풍수지리상으로 배산임수의 터가 아닌가. 사는 곳은 삼방 3구에 속하는데 옛 이름은 고천리이다.

유적지처럼 동네 중간쯤에 고천공원이 자리 잡고 있다. 봄날이면 친애하는 이와 소박한 찻자리 펴기에 적당한 곳이다. 벗이 귀한 걸음 하는 날, 찻종에 쪼르륵 찻물 내리는 소리를 같이 들으며 장군차 향에 젖어도 좋으리.

집 가까이에는 조선 후기의 사후당 조이추를 향사하는 예암서원이 있다. 서원 앞에 서면 당장이라도 책을 읽어야 하는 분위기에 젖게 된다. 서원의 주인이며 토성인 창녕 조씨 문중의 마음에 차는 자손을 사위로 맞았으니 삼방동은 나에게 명당이다.

삼방이란 동명은 임진왜란 후, 조정에서 후세에 길이 귀감이 될 전쟁 미담으로 순국한 관천공의 충忠과 아버지 시신을 찾기 위해 적진에 뛰어들었다가 순절한 아들의 효孝, 왜군의 겁탈 위험에 항거하며 연못에 뛰어들어 자결하여 정절을 지킨 질녀의 열烈 등, 한 시기 한 가문에서 충효열 삼강지도三綱之道를 이룬 세 가지 꽃다운 일이 있었다 하여 어사가 왕명으로 마을 이름을 삼방이라 부르게 했다고 전해지고 있다.

삼방동에 전해오는 삼강三綱은

부사어충父死於忠, 즉 아버지는 죽어서 충성을 다했고

—군위신강君爲臣綱

자사어효子死於孝, 즉 아들은 죽어서 효를 다했으며

—부위자강父爲子綱

부사어혈夫死於烈, 즉 아내는 죽어서 정절을 지켰다

—부위부강夫爲婦綱

이것이 곧 삼강의 도다

—《활천지活川誌》

 사는 곳이 의로운 이들의 뜻이 깃든 땅이라고 하니 가슴이 뭉클해진다. 시절에 따라 살아가는 방식은 변해도 삶의 근본은 무너지지 않는다. 책을 통해 알아가는 지역의 변천사가 흥미롭다. 신어산에 오르면 김해 들판이 보낸 바람에 땀을 식히며 산 아래를 조망하는 즐거움도 쏠쏠하다.

 고향의 사전적 의미는 태어나고 자란 곳이다. 관습과 언어를 공유하는 이들은 동향이 주는 친밀한 정이 있다. 나는 어릴 적에 고향을 떠나와서 고향 말도 타지방 말과 섞였다. 고향을 잃은 것처럼 헛헛한 마음이 들면 본향의 방언사전을 들여다보곤 한다. 몇 년 전까지만 해도 모임에서 토박이가 알 만한 이야기를 듣고 있으면 슬며시 뒤로 나앉곤 했다. 벌써 강산이 세 번 가까이 바뀌면서 사귄 담북장 같은 이웃사촌들이 있어 사는 곳이 고향이거니 한다.

산천이 푸른 물 길어 올리는 봄이다. 묵은 터전 위에서 생물이 조화롭게 움트는 이 계절은 부모와 자식의 정이 돈독해지기에 적당한 달이다. 오·월, 가만히 읊조려 보면 모나지 않고 둥글둥글한 소리가 난다. 먼 아지랑이 너머로 가벼운 차림의 사람들의 발걸음이 가볍다. 봄 햇살에 며느리 내놓는다는 말이 있지만, 얼굴이 타더라도 들썩거려서 나가지 않고는 못 배길 지경이다. 보던 책이야 다녀와서 봐도 되지.

해묵은 벚나무 가로수 길을 걸어 동김해를 가로지르는 신어천에 다다랐다. 신어천의 옛 이름은 고천古川이었다고 한다. 물가에 꽃창포가 다소곳이 피어나고 청둥오리 자맥질이 느긋하다. 물속이 훤히 보이는 개울녘에 쪼그려 앉았다. 물고기 꼬리지느러미 따라 유영하는 눈길 속에 아득히 먼 고향 개천이 펼쳐진다.

머리에 인 햇살이 따끈해질 즈음이 되자 아이들 소리가 왁자해진다. 열 살 남짓한 사내아이들이 둥둥 걷은 바짓가랑이야 젖거나 말거나 첨벙거리는 모습도 딱, 봄꽃이다. '그래! 아이들은 저렇게 놀아야지.' 모처럼 보는 장면에 사진을 찍는데 한 아이가 큰소리로 초상권 침해라며 솜털 눈썹에 힘주며 서 있다. 적잖이 당황하였으나 하도 예뻐서 찍었다며 혼자 보겠다며 양해를 구하자 머쓱하게 웃더니 다시 놀기 시작한다. 오월 삼방은 어린이가 있어 겹삼방꽃이 된다.

  삼방의 삼십 년 역사 속에 나도 있다. 지금의 젊은 부부들은 오래된 마을이라 이사 오는 것을 꺼린다지만 큰아이가 초등학교 다닐 적만 해도 아이들 소리가 끊이지 않았다. 과밀학교가 되자 학교를 더 지어야 할 정도였다. 한 아파트에서 학교가 갈리니 아이들보다 같이 자식을 키우다시피 하던 학부모들이 서운해서 시청으로 달려갔다. 지금 큰딸의 초등 동창회는 어머니들이 지킨 단체나 다름없다. 그 이야기도 삼방동 향토지 한 페이지에 있어야 하는데…. 삼방은 스토리텔링 주인공들이 사는 생기의 땅이다.

  이사 갈 일이 생겨도 이곳을 벗어나지 않을 것이다. 먼 훗날, 딸들이 나를 그리워하는 날이 오면, 엄마 치맛자락을 잡고 오가던 골목길에서 위안을 얻을지도 모르겠다. 삼방에서 살고 지고!

PART 5

손

쥐손이풀·손·토종에 관하여·도라지 한살이·조팝나무꽃이 지면·겨울의 진객 동백·엄마 손 잡던 날·두 대의 자전거

쥐손이풀

 풀도 저마다 이름이 있다. 잡초란 이름 모르는 야생화를 뭉뚱그려서 하는 말이다. 조붓한 산길에서 낯선 꽃을 보면 이름부터 궁금한 마음에 휴대전화 카메라를 들이대곤 한다. 어렵게 초점 맞추어가며 찍어서 검색해보면 이러쿵저러쿵 알려주지만 정확하지 않아서 혼란스러울 때가 있다.
 최근에 관심을 기울이는 야생화 중에 쥐손이풀이 있다. 쥐손이풀과는 이름이 많다. 청화쥐손이풀·둥근이질풀·큰세잎쥐손이·이질풀…. 작은 풀에 이름이 많은 걸 보면 사람들의 관심을 끄는 식물인가 싶다. 《조선식물향명집》 주해서를 들여다보면 쥐손이풀을 이질풀로 부른다는 해석이 있다. 여기저기 책을 들춰봐도 이질풀도 쥐손이풀과라는 것이다. 나는 쥐손이풀로 이름을 정했다.

쥐손이풀, 이름만 들었을 때는 집에 들이기에 썩 내키지 않았다. 하고많은 이름 중에 하필이면 쥐손이풀인가. 잎사귀가 쥐 발바닥을 닮았다고 하여 지어진 이름이라니 더욱 망설여졌다. 자세히 들여다보면 오백 원 동전 크기 잎이 일곱 쪽으로 갈라져 있어 천생 쥐 발바닥 모양이다. 쥐라고 다 흉측하지 않다. 우연히 그림으로 보았던 멧밭쥐를 떠올렸다. 꽃이 참하고 모종값이 싸다는 이유를 들어 집에 들이기로 했다.

멧밭쥐는 우리나라에서만 사는 쥐다. 사람들 눈에 자주 띄어서인지 정면으로 찍은 사진이 많다. 마른 흙이 묻은 듯한 갈색 털에 두어 마디 좀 넘을 만한 키에 꼬리가 몸통보다 길다. 보송한 얼굴에 풀씨가 박힌 듯한 처진 눈을 보면 귀엽다는 말이 절로 나온다. 우리나라 야생화처럼 멧밭쥐도 낮게 살아가기에 적당하다. 다 익은 벼를 모아 집을 엮기도 하고 꽃에 들어가서 쉬기도 한다니 작은 몸체와는 달리 배짱이 두둑한 듯하다.

예닐곱 살 무렵, 본향 집에서 쥐들이 마당을 가로질러 장독대 바닥 놓인 자잘한 돌 위를 미끄러지듯 지나서 광으로 가는 걸 보았다. 나락 가마니는 찧을 때까지는 쌓아놓기 때문에 광은 쥐들의 천국이었다. 날마다 닦으며 청결을 유지하는 장독대에서 일어난 일은 집 안에서 가장 한가한 내 눈

쥐손이풀,
쥐 발을 닮았다고 불러주든지 말든지 너는 탓이 없구나.

에만 보였을지도 모른다.

　어느 날, 쓰지 않는 방에 쥐가 새끼 친 것도 먼저 알게 되었다. 새끼가 다 자라서 나가기를 바랐는데 어른들에게 들키고 말았다. 눈치 없는 새끼 쥐가 찍찍거리는 통에 어미 쥐는 급하게 방을 빼야 했다. 그날, 어른들로부터 쥐가 병균을 옮긴다는 사실을 누누이 들어야 했다. 할머니가 새끼 쥐를 쓰레받기에 쓸어 담아서 실개천에 버렸다. 쥐손이풀을 보면 빨간 쥐새끼가 동동 떠내려가더라는 수십 년 전의 할머니 말이 떠오른다.

　주문했던 쥐손이풀 모종이 도착했다. 잎이 작아도 도톰해서 만지기가 수월했다. 옹기 뚜껑에 쥐손이풀을 심었다. 북돋아 놓은 흙이 흘러내리지 않도록 테두리 주변에 작은 조약돌로 빙 둘러 가며 눌러놓았다. 진초록 이파리와 터실터실한 질감의 화분이 맞춘 듯이 어우러진다. 흙으로 빚은 화분에 흙이 담기고 야생화가 심어졌다.

　쥐손이풀을 담고 있는 뚜껑은 오래전에 고추장 단지 사면서 함께 구해놓은 것이다. 옹기장이가 깨서 버릴 것을 안주인이 따로 모아놓았다고 했다. 옹기전 안주인 덕에 베란다에 운치가 더해졌다. 옹기 뚜껑에 심어진 쥐손이풀 옆 뚝배기에는 사랑초꽃이 한창이다. 실금이 간 뚝배기 바닥에 배수구를 뚫어서 화분으로 사용하고 있다. 옹기전 안주인처럼 물건을 허투루 버리지 않는 편이다. 밉게 구워진 질그릇 뚜껑도 쓰임새가 있지 않던가.

일정한 온도가 유지되는 베란다에서는 식물의 개화가 빠르다. 올해는 쥐손이풀꽃이 사월 중순에 들면서 꽃대를 올리기 시작했다. 봉오리가 맺히고 여드레 만에 속살이 보이기 시작했다. 하도 작아서 사진을 찍어 봐야 자세히 관찰할 수 있다. 꽃망울을 보호하려는 듯이 줄기와 꽃받침에 잔털이 송송하게 돋아 있다.

쥐손이풀꽃 변화는 경이롭고 신비하다. 봄이면 새순 달기에 여념 없다가 따뜻해지면 꽃을 틔운다. 꽃도 잎처럼 색이 변한다. 피어날 때는 진분홍이었다가 질 때가 되면 보라색이 된다. 낙화하고 마르면서 색이 더 짙어진다. 해묵은 쥐손이풀은 계절마다 다른 색을 보여준다. 가을이면 잎사귀가 주황색이었다가 진갈색으로 물들여진다. 작은 화분에 가을이 충만해진다. 찬 바람 불기 시작하면 잎을 떨구고 크기 줄여 돋아난 잎 서너 장만으로 겨울을 나려나.

야생화는 환경의 변화에 민감하게 자신을 맞춘다. 물이 부족하면 잎을 줄이고 결실을 빨리 본다. 물을 과하게 주면 증산작용으로 몸속 수분을 조절한다. 해를 좋아하면 꽃대를 길게 늘여서 해맞이하고, 햇볕이 부담스러운 반양지 식물은 비스듬히 누워 자라기도 한다. 베란다 식물은 화분에 심으면 뿌리 내릴 시간이 필요하지만, 대개는 스스로 잘 적응하며 산다.

자연은 탓하지 않는다. 그 속에 자라는 야생화 또한 다르지 않다. 쥐손이풀, 쥐 발을 닮았다고 불러주든지 말든지 너는 탓이 없구나. 해 드는 베란다 화단에 앉아 야생화를 바라보며 생각에 젖는다.

손

 조금 이른 시간에 단골 마트에 들렀다. 직원들이 생선 진열하느라 손길이 분주하다. 대소사에 쓰기에 적당해 보이는 민어가 눈길을 끈다. 얼음 위에 늘씬하게 누운 저 민어, 살랑바람에 잘 말렸다가 꼬들꼬들한 식감으로 솜씨 자랑하리라.

 오랫동안 일하던 아주머니가 보이지 않는다. 딱히 친한 사이는 아니나 실한 생선을 잘 골라 주던 편한 사람이었다. 생선을 간택하고 낯선 직원에게 다듬어 달라고 했다. 잠시 후에 다른 종류 생선을 더 골랐더니 볼멘소리가 귀에 꽂힌다.

 "아이, 진작 말씀하지 그랬어요. 한꺼번에 손질하면 좋잖아요."

우리가 함께 좋았을 일을 놓친 것인가. 칭얼대듯이 하는 말을 듣고 보니 속웃음이 절로 난다. 주위에 서 있는 사람들 눈길이 쏠린다. 고객 입장으로 이런 대접은 처음이지만 어쨌든 상대방을 불편하게 했으니 이쪽에서 풀어야 할 문제다.

그녀가 턱을 잔뜩 당겨 넣더니 방수 앞치마를 끌며 작업실에서 나온다. 두 마리를 한꺼번에 잡으려고 손에 힘주는 모습을 지켜보고 있자니 짠하다. 생선을 든 그녀와 눈이 마주쳤다. 동그란 안경 속에서 흔들리는 눈빛이 보인다. 어색한 상황을 모면하려 얼른 미소를 지어줬더니 말을 건네온다.

"팔이 아파서요."

젊은 여자가 삶이 얼마나 벅찼으면 울컥 짜증이 났을까. 아직 세상을 겪어보지 못한 생속일 수도 있겠다. 그 한마디에 마음이 누그러진다. 여자들은 가는 곳마다 일이라는 말로 동병상련의 기억을 들춰내 보이며 다독였다.

그녀가 손목을 두어 번 돌리더니 은물결 번득이는 칼을 잡는다. 스멀스멀 오르는 화를 누르는 여자와 숫돌에 제 몸 비비어 날 세운 칼이 만났다. 그물 속에서 생을 체념했던 민어가 도마 위에서 펄떡거리는 듯하다.

휴일 전날이라 그런지 오전임에도 장 보려는 사람들이 눈에 띄게 늘어났다. 생선 다듬는 점원처럼 덩달아 마음이 바빠진다. 나머지 생선은 집에 가서 손질할 터이니 그냥 싸서 달라고 했더니 손사래 치며 조금만 기다리고 한다. 그녀는 마음 담금질 중인지도 모른다.

비늘이 긁힐 때마다 몸통을 휘어서 꼬리지느러미를 들던 민어 위로 굵은 소금이 후두두 떨어진다. 종일 생선과 싸우려면 손목이 얼마나 아플까. 오지랖이라고 할 수 있겠지만 생선 다듬는 이를 걱정하고 있다. 그녀가 한쪽 빨간 고무장갑을 벗어서 생선 봉지를 건넨다. 고등어 등처럼 탱글탱글한 손과 푸른 힘줄이 도드라진 내 손이 찰나로 만난다. 예전이었으면 발끈할 일이 설렁설렁 넘어갔다.

세월은 예민한 부분을 잘 다듬는 재주가 있다. 부조리하다 싶은 일에 활어처럼 펄떡거리는 것도 한 시절이다. 신비롭게도 신체 기능이 부실해지면서 신경이 무디어지고 안정되어 간다. 마뜩잖은 일이 생겨도 꿀떡 삼키는 여유까지 덤으로 생겼다.

손이 작은 나는 고무장갑을 끼고 일하면 어둔해져서 불편하다. 언제부턴가 맨손으로 생선을 장만할 용기가 생겨났다. 생선 가시에 찔리고 제때 치료하지 않아서 손가락이 벌겋게 부어오르고 아려서 고생한 적도 있었다. 생선 다듬는 일이 여전히 고역이긴 하지만 맛나게 먹을 가족을 생각하며 참곤 한다.

사 온 생선을 개수대에 쏟아부었다. 도무지 친해지지 않는 냄새가 확 올라온다. 내륙지방에서 태어나고 오래 살아서인지 비린내는 여전히 익숙하지 않다. 살면서 싫어도 해내야 하는 일이 생선 손질만 있으랴. 물을 약하게 틀어놓고 생선 뱃속을 연다. 부레를 안고 있던 척추뼈와 아가미가 있던 자리를 손끝으로 더듬어가며 핏기를 꼼꼼하게 씻어낸다.

냉장고에 두었던 소주를 꺼내어 소금기 걷어낸 민어와 부세조기 위에 자작하게 뿌렸다. 생선은 해풍이 부는 곳에서 말려야 제맛이라고 하지만 마른 생선이 필요할 때마다 바닷가로 달려갈 수 없는 노릇이다. 궁여지책으로 생각해 낸 방법이 소주로 살균하고 비린내를 휘발시키는 것이다. 술 냄새야 잠시 참으면 될 일이지만 생선이 남기고 간 체취가 주방과 손바닥에 가득하다. 하루만 지나면 이 냄새도 사라지겠지.

손을 펴서 보고 있으면 자글자글한 주름이 살아온 흔적을 오롯이 그려내고 있다. 삶의 기억을 담은 주름은 한번 생기면 좀처럼 회복이 되지 않는다. 곱살하다던 시절에 끼던 반지는 손가락에서 사라진 지 오래되었다. 빛나는 반지에 손주름이 더 도드라지기 때문이다. 개발에 편자 정도는 아니겠지만 반짝이는 반지가 어울리지 않게 되었다. 못생겨진 손에 묵주반지만 무난하게 남아 있을 뿐이다.

　손도 지칠 때가 있다. 매일 물에 넣고 일하면서도 손에 무심했다. 손을 많이 쓴 다음 날이면 서로 주물러주느라 양손이 바빠지고 걷은 빨래를 개려면 로션을 발라야 옷을 긁지 않게 되었다. 늙어가는 일이 당황스럽지는 않지만 불편할 때가 있다.

　소주에 흥건하게 취한 생선들이 채반 위에서 선풍기 바람에 몸을 맡기고 있다. 적당하게 마르면 쫀득한 식감으로 식구들 밥맛을 돋우어 주겠지. 여러 날 전만 하더라도 짙푸른 물속을 헤엄치던 물고기가 우리 집 베란다가 종착역이 될 줄 알았을까. 마지막 없는 생이 어디 있으랴.

　손을 비비어 이마를 쓸어올리며 창밖을 내다본다. 종일 맡은 생선 냄새 탓인가 어째 어지럽다. 오후의 햇살이 손등에 내려앉는다.

토종에 관하여

　칠월 끄트머리이다. 서울에 모처럼 올라왔으니 볼일만 끝내고 집으로 내려가기는 아쉽다. 소나비처럼 흐르는 땀이야 닦으면 되지만 물기 머금은 바람에 숨이 턱턱 막힌다. 드문드문 서 있는 가로수 그늘로 퐁당거리며 걷다 보니 '씨앗도서관'이라는 낯선 간판이 눈에 띈다. 무더위도 식힐 겸 도서관으로 들어섰다.

　게시판에 붙여놓은 홍보 문구부터 읽어 봐야겠다. 씨앗도서관에서는 씨를 관찰하거나 빌릴 수 있다. 농사를 지어 결실을 보면 가져온 만큼의 양을 되돌려주면 된다. 학습용으로 관찰만 할 수도 있다. 씨앗도서관의 역할은 토종 종자 보존 목적만이 아니라 널리 퍼뜨리는데 의미가 있다.

　산 아래로 씨앗도서관은 왼편 가장자리에 있고 오른편

에는 갈무리 장이 있다. 벽면 한쪽에는 가지런히 걸어놓은 삽·호미·곡괭이가 있어 잠시 유년의 정겨운 향수에 젖게 한다. 넓은 터에는 뙤약볕 아래 진초록 토종 작물이 싱그럽게 펼쳐 있고 그 앞에는 분수대가 시원하게 물줄기를 뿜어 올리고 있어 잠시 더위를 잊게 한다.

분수대에서 고개를 돌리면 작은 연못이 보인다. 수련이 나붓나붓 떠 있고 부들이, 창포가 군락을 이룬다. 쪼그려 앉아 들여다보니 생이가래와 개구리밥이 총총 떠 있다. 물속에도 수많은 생물이 한여름 나기 중이다. 자연과 멀어진 도시의 아이들에게 수생식물을 관찰할 수 있는 교육의 장이 될 수 있겠다. 주변을 둘러보니 아파트 단지에 둘러싸여 있다. 회색 빌딩 숲에 녹색지대가 없으면 얼마나 삭막할 것인가. 이곳은 고단한 도시 문명인들에게는 숨통 같은 곳이다.

밭에 심어진 작물과 두둑 모양을 보면서 임자의 성향을 짐작해 본다. 꼼꼼한지 털털한지…. 나지막한 줄기에 달린 가지가 진보라 물이 통통하게 오르고, 노란 꽃 단 오이가 여린 가시를 돋운다. 질깃해진 참죽나무 잎사귀가 그늘을 넓히고 잎이 무성한 자줏빛 고구마 줄기가 땅을 기고 있다. 건너편 밭두둑에 한창 주황 물을 들이는 홍화가 보인다. 홍화꽃 피고 진초록 고추가 실하게 영글고 있는 자연의 색이 경이롭다. 내년에는 베란다에 고추를 심을 작정을 하며 자리를 옮긴다.

연만해 보이는 아주머니가 한쪽 무릎에 팔꿈치를 의지하며 상춧잎을 따고 있다. 가까이 다가서니 상추가 키를 돋우며 이들이들한 잎사귀를 달고 있다. 아! 쿰쿰하면서도 들척지근한 막장 곁들인 상추쌈 생각이 간절해진다. 그러고 보니 점심때가 한참 지났다. 밭 가장자리에 줄지어 선 키 자란 대에 달린 옥수수가 젊은 수염을 내밀고 있다. 아주머니의 텃밭은 단출하면서도 풍성하다.

나도 한 이 년 동안 베란다 텃밭을 일구고 있다. 딸기·상추·고추냉이·쑥갓·대파·풋마늘 등등 모종을 사서 심었다. 딸기 모종이 자라서 하얀 꽃봉오리가 맺히는 날은 얼마나 설레었는지 모른다. 마침내 익은 딸기가 뱀딸기만 해서 민망할 정도였지만 맛은 봐야지 싶어 소중히 따서 입에 넣었다. 딸기 맛이 나는 당연한 일에 혼자서 한참 웃었다. 쌈채소가 어찌나 더디게 자라던지. 한 번 따고 더 먹으려면 애가 탈 지경이다. 식물용 엘이디 등을 설치하면 생장 속도가 빨라진다고 하지만 사 먹더라도 다음 수확을 기다리기로 했다.

방아를 키우고 싶었으나 베란다에서 키우기는 쉽지 않았다. 농사짓는 지인이 소중히 보내준 방아는 잎 몇 장 달지 않고 번번이 지고 말았다. 올해는 아예 화원에서 모종을 구해서 심었다. 걱정과는 달리 여름이 되자 이파리가 풍성해지고 짤막한 꽃대에 연보라 꽃을 촘촘히 달고 있다. 지나가던 곤충 나그네가 방충망에 붙어서 애만 태우다 날아갈 정도로 베란다에 방아꽃 향이 가득하다. 방아 씨앗을 받을 수 있으면 좋으련만.

방아는 우리나라 산천에 자생하는 식물이며 토종 허브 중 한 가지이다. 강한 향 탓에 취향의 호불호가 있는 편이다. 방아잎은 경상도 사람들이 즐겨 먹는 식재료이다. 비 오는 날, 밀가루를 풀어서 부추, 애호박 썰고 청양초 총총 다져 넣고 방아잎 한주먹 훑어 넣고 지져내면 풍미 가득한 부침개를 먹을 수 있다. 추어탕, 장떡에 방아잎이 없다면 어떤 맛이든 서운하다.

지금 우리가 먹고 있는 농산물들은 입에 달고 소출이 많은 종자가 많다고 한다. 소출이 많은 농산물은 농사짓는 사람들이 원하는 목표물이다. 나도 토종과 외래종을 구분하지 않고 싸고 싱싱한 것만 고르던 사실을 새삼 깨달았다. 유전자를 변형시킨 작물이 많다는 것을 알고 나니 '토종'이라는 정의가 궁금해진다.

토종의 사전적 의미로는 '본디 그 지역에서 나거나 자라는 동물이나 식물 따위의 종자이다.' 김석기의 《토종 씨앗의 역습》에서는 굳이 따지자면 우리나라는 '콩'만이 토종 씨앗으로 남아 있다고 한다. 토종 작물은 말 그대로 특정 지역의 토질에 적당하므로 단단하고 잘 자란다고 한다. 외래종이 우리 땅에 토착화되어 자라는 것으로 범위를 넓힌다면 토종은 스무 가지 정도로 꼽는다 한다. 밥상에 반드시 올라야 하는 김치의 재료인 배추는 중국에서 들여왔고 고추는 라틴아메리카에서 건너왔으나 이미 토종으로 여기고 있다. 애플망고·용과·백향과·파파야·공심채 등등 생소한 작물들이 토종이 되기에는 어느 정도 시간이 필요할까.

기후변화로 인하여 열대성 식물을 키우는 곳이 늘어난다고 한다. 약품 처리된 과일을 먹지 않아도 되지만 어쩐지 반갑지만은 않다. 최근에는 초당옥수수가 인기가 많은데 수입종을 한국에 맞게 교잡한 종이다. 알갱이의 과한 수분과 단맛이 부담스럽다. 토종이 되려면 풍토뿐만 아니라 사람도 익숙해져야 한다.

이 땅의 토종인 나도 옛날에 젖어 살 수 없음을 인정해야 한다. 네안데르탈인 위치를 빼앗은 호모 사피엔스의 지혜로움을 이어받은 현생 인류로서, 신품종이 토종 작물을 밀어내는 현실을 인정해야겠다. 급변하는 기후와 초과학적인 물살에 대처하려는 유연한 사고가 필요하다. 토종 '꼰대'가 되지 않으려면.

도라지 한살이

　도라지꽃은 언뜻 보기에는 차갑도록 도도하다. 꽃이면서 화려하거나 귀엽지도 않다. 제도한 듯 입체적인 꽃 모양이 고집스럽나 싶어도 보면 볼수록 단정하고 고고한 품위가 있다. 도라지밭에 벌들이 바쁜 걸 보면 도라지꽃은 숨은 매력이 있는가 보다. 나에게 도라지꽃은 유년의 동산에 피어 있는 익숙하고 반가운 꽃이다.
　두어 달 전에 도라지를 한 상자 샀다. 제사가 들 때마다 눈에 차는 도라지를 구하느니 일 년 치를 손질하여 냉동실에 쟁여놓을 참이었다. 농장 주인이 뽑자마자 보냈는지 뿌리에 묻은 흙이 촉촉하다. 손이 커서 사서 또 고생이라며 자책할 즈음, 베란다 구석에 쌓아놓은 빈 화분들이 눈에 들어왔다. 상자 속을 뒤적여서 실한 세 뿌리를 골라 화분에 나눠

심었다.

 화분마다 이름을 정했다. 백도라지가 아니길 바라며 '한보라' '두보라' '세보라'로 부르기로 했다. '한두 뿌리만 캐어도 대바구니가 넘친다.'라는 노래가 있을 정도로 백도라지가 귀하다고들 하지만 꽃으로 보기에는 보라색이 좋다. 다시 생각해보니 보라색 정경에 흰색이 드문드문 섞인 것도 나쁘지는 않겠다.

 한 보름이 지났을까, 도라지 화분에서 싹이 빼꼼 나왔다. 며칠 사이로 두보라 화분에도 싹이 났다. 세보라 화분은 며칠을 기다려도 기척이 없어 뿌리를 뽑아 생사를 확인하고 싶은 조급한 마음을 애써 눌렀다. 한보라 도라지가 두어 뼘, 두보라 도라지가 약간의 차이로 크는 사이에 세보라 화분에서도 싹이 두 개나 돋아났다. 싹을 하나 더 틔우느라 시간이 걸렸나 보다. 한 부모에게서 태어난 형제가 아롱이다롱이로 자라듯이 한 밭에 자랐다는 도라지도 싹을 틔우는 시간과 자라는 모습이 제각각이다.

 농작물들이 농부의 발소리를 듣고 자란다더니 도라지도 나의 기대를 느낀 것일까. 한데서 온 도라지가 쑥쑥 자란다. 화분을 창가에 나란히 두고 아침마다 검지로 흙 속의 물기를 가늠하며 행여 한 올의 햇살도 놓칠세라 조금씩 자리를 옮겨주었다. 한보라 도라지가 꽃이 가장 먼저 필 거라 짐작을 해본다.

뜻밖에 세보라 화분에서 먼저 꽃봉오리가 맺혔다. 싹이 올라오지 않아서 애를 태우던 도라지가 꽃을 먼저 보여 줄 모양이다. 도라지 두 줄기가 나란히 바깥을 내다보는 모습이 참하다. 같이 있지 않아도 함께하며 가까이 있어도 거슬리지 않고, 한동안 소식이 뜸해도 사정을 짐작하며 허물없이 사는 사이처럼 보인다. 한 뿌리에서 나왔으니 거름 속의 양분도 골고루 나눠서 자라면 보기에도 얼마나 좋을까.

도라지꽃을 좋아한다던 이들이 생각났다. 시골에서 자란 사람이라면 도라지꽃이 새삼스럽지 않겠으나 도시에 사는 사람들은 흔하게 볼 수 없는 개화이다. 꽃소식을 핑계 삼아 소원했던 안부를 물었다. 화분에 도라지를 심을 생각은 어떻게 했느냐며 함박웃음으로 기쁨을 같이하는 이도 있지만, 심었으니 꽃을 맺는 것은 당연하다는 이도 있다. 도라지꽃을 춘란의 개화처럼 들뜨고 나니 한동안 가슴 언저리에 물수제비를 띄운 양 퐁당거린다. 말은 스스로 고요를 깨는 재주가 있다.

베란다 화단에 걱정거리가 생겼다. 제일 먼저 싹을 틔운 도라지가 웃자라더니 어쩌다 스치는 바람에도 휘청휘청한다. 천천히 자라야 줄기가 야물어지고 꽃도 바랄 수 있을 터인데 물을 자주 주었던 잘못인가. 안타까워서 나무젓가락

도라지가 좁은 베란다에서 나름 살아가는 방법을 터득한 모양이다.
긴 줄기를 활시위처럼 휘어서 창문에 바싹 붙여서
부족한 일조량을 채우려고 기를 쓰고 있다.

한 짝을 떼어 지지대 삼아 묶어주었다. 젓가락을 지팡이처럼 짚고 서 있는 모양새가 어정쩡하다. 듬직한 지지대를 구해야겠다.

빈터에서 밭을 일구는 이웃에게 물어보니 웃자란 줄기는 잘라주라고 한다. 한참 망설이다가 가위를 들었지만 이내 내려놓았다. 첫 싹을 틔워 기쁨을 준 한보라 도라지 줄기를 잘라내기가 영 내키지 않는다. 남의 속도 모르고 물색없이 하늘만 아는 도라지 화분에 영양제를 챙겨 먹이듯이 거름이라도 한 줌 얹어줘야 하나….

한 이 년 전, 인문학 강의를 들을 때, 강사로부터 간단하지만 오래 기억에 남을 질문을 받은 적 있다. "당신은 인생을 뭐라고 생각하나요."였다. 내 차례가 오자 나는 "완전한 마침표를 향하는 여정이라고 생각합니다."라고 했다. 삶은 무한하지 않으니 마지막 순간으로 향하는 과정이 인생이라는 생각이 들었다. 수강생들의 대답이 겹치지 않은 건 저마다 살아가는 모습과 방식이 달라서가 아닐까. 멀대같이 서 있는 저 도라지의 한살이도 더 지켜봐야지.

도라지를 키우면서 기억이 켜켜이 쌓인 유년의 풍경 그림을 한 장 꺼낸다. 집을 둘러싸고 있는 산허리를 눈길로 더듬어보면 푸석한 밭두둑이 키워 낸 도라지꽃의 군락. 멀리서 보면 언뜻언뜻 보이는 희붉은 셰일과 보라색 도라지꽃의 정경이 산뜻하다. 묵언 수행자처럼 향기조차 있는 듯 없는 듯한 도라지꽃의 뜨거운 마침표는 뿌리이다.

도라지가 좁은 베란다에서 나름 살아가는 방법을 터득한 모양이다. 긴 줄기를 활시위처럼 휘어서 창문에 바싹 붙여서 부족한 일조량을 채우려고 기를 쓰고 있다. 만개하는 순간을 위해 도라지가 햇볕을 쬐는 정오, 나는 밀려오는 잠을 쫓아내며 노트북 자판을 두드리고 있다. 글 밭두둑에 심은 수필이 실하게 자라는 때는 언제쯤일까.

조팝나무꽃이 지면

 봄비가 바람의 선율을 탄다. 비에 씻긴 공기가 상큼하다. 화원에 도착하니 간택을 기다리는 봄꽃들이 장관이다. 가느다란 가지에 꽃봉오리를 맺기 시작한 나무에 눈길이 간다. 주인이 조팝나무라며 정원에 심어야 잘 크는 식물이란다. 베란다에 볕이 종일 든다며 기어코 조팝나무를 안고 왔다.

 조팝나무는 멀리서 보면 그저 흰 줄기가 이리저리 뻗어 오르는 것처럼 보이지만 가까이 들여다보면 손톱 크기의 작은 꽃이 꽃잎 다섯 장 갖추고 빈틈없이 붙어서 피어난다.

 늦은 점심을 먹으러 식당에 들어섰다. 옆 테이블에 앉아 있던 네댓 살은 됨직한 사내아이와 눈이 마주쳤다. 고개를 끄덕이며 몇 살이냐고 입 모양 말을 했더니 다섯 손가락을 펼치더니 한 손으로 새끼손가락을 접는다. 두 손으로 얼굴을 가리고 '까꿍'이라고 했더니 아이의 눈에 장난기가 차오른다. 어서 밥 먹으라는 시늉을 했더니 아이는 얼른 밥 한 숟가락 입에 넣고 내 쪽으로 돌아본다. 우물거리며 의자 등받이 뒤로 숨었다가 얼굴을 내민다. 까르륵 웃는 아이의 앞니가 조팝나무 꽃잎을 심어놓은 듯하다.

아이와 나의 까꿍 놀이가 길어지자 엄마인 듯한 여자가 밥을 먹다 말고 쳐다본다. 내가 아이를 좋아하는 것을 알아채고 안심한 듯 방긋 웃는다. 사람 좋게 보이는 엄마는 아이와 얼굴이 판박이다.

"우리 애가 선생님께 반했는가 봐요."

나도 젊은 엄마였던 적이 있었다. 스물다섯에 첫아이를 낳았는데 지금의 작은딸보다 세 살 어린 나이였다. 앨범을 뒤적여보면 배가 두둑하게 불러서 큰아이를 업고 있는 사진이 있다. 넉넉지 않은 살림 꾸리며 막막한 육아를 '새끼 사랑'이라는 본능으로 살아온 흔적이다. 나이 든 엄마가 되어 돌아보니 지금의 딸처럼 여리고 고왔던 적 있나 싶다. 봄날 같은 청춘은 분홍이 아니고 연분홍이다. 벚꽃처럼 때가 되어 피어나는 것도 잠시였고 속절없이 날아가는 꽃이다. 왈칵 가슴이 시리다.

행복했던 시간을 꼽으라면 첫아이를 낳고 키울 때라고 대답할 것이고, 따뜻했던 시간을 묻는다면 둘째 딸을 키울 적이라고 말할 수 있다. 나의 "까꿍"하는 소리에 까르르 웃어

새삼 어린 딸 키우는 엄마처럼 조팝나무를 돌본다.
오늘 아침에 조팝나무가 정성에 보답이라도 하듯이
꽃 방망이가 될 정도로 꽃을 조밀하게 달았다.
조팝나무와 눈 맞춤을 한다.

주던 어린 딸들의 웃음소리가 생생하다. 딸들의 온기가 여전한데 나의 가슴 한쪽은 바람든 무처럼 숭숭 구멍이 나는 듯하다.

큰딸을 생각하면 사랑하는 마음에 앞서 미안한 마음이 더 크다. 의욕만 앞서는 초보 엄마는 육아서적으로 해결되지 않을 때가 많았다. 모유가 부족해서 초유만 겨우 먹이고 분유를 일찍 먹여야 했던 일이 가장 미안하다. 나는 참 미숙한 엄마였다. 열이 오르면 병원 응급실을 해결책으로 삼았고, 울음의 뜻을 빨리 알아채지 못하고 우왕좌왕했다. 시집가기 전까지 걱정을 내려놓지 못해 자유롭고 싶었을 청년기 딸을 불편하게 한 것도 미안하다.

작은딸은 다섯 살 터울에다 큰딸 키운 경험을 믿고 느긋한 육아를 했다. 엄마의 여유가 아이를 순하게 하였는지 배고파도 준비할 시간을 줄 정도로만 울었고 수면시간도 일정해서 키우기 편했다. 똥오줌을 싸도 예쁘고 울어도 귀애했다.

자식이 자라면서 기특한 짓만 하는 건 아니다. 아이마다 미운 짓의 시기와 방법도 개성이 있었다. 할 일을 미루다가 임박해서 애태우기, 교복 치맛단을 올리거나 오버로크 스티치 선이 보일 정도로 치맛단을 내려 다니는 일, 누구라고 말할 수 없으나 재수를 하면서도 당당하게 학원비 요구하기,

덜렁거려서 개교기념일에 등교하던 일은 귀여운 실수이다. 더러 딸들이 나와 닮은 짓을 할 때면 뜨끔했다. 자식 여럿을 키운 옛 어머니의 노고는 얼마나 컸을까.

나는 어머니에게 만만찮은 맏딸이었다. 딸 앞인데 남의 흉도 편하게 볼 수 없을 정도로 나는 보드랍지 못했다. 그런 나를 친정 엄마는 남들에게 말하기를 사 남매 중에 제일 키우기 편했다고 한다. 꾸지람을 애초에 차단하려고 속 고갱이가 단단한 딸일 뿐이었음을 지금에 와서야 고백을 한다. 잘못하기도 하고 혼나면 울먹이며 품에 파고들어야 자식인데….

이제 작은딸마저 시집보내야 한다. 연하고 정이 많아서 스물여덟 살이 되도록 품었던 자식이다. 큰딸 혼사를 치른 경험자인데도 혼삿날이 다가올수록 싱숭생숭하다. 아들 없는 집에 사위 맞는 기쁨보다 스물여덟 해를 바라본 딸을 보내야 하는 아쉬움이 더 크다.

딸을 빼앗기는 기분이 든다며 실토하는 나에게 지인들은 작은딸이 아들이었다면 꽤 골치 아픈 시어머니감이라며 한바탕 웃음을 터뜨린다. 그럴지도 모를 일이다. 삼신할머니가 딱 알아보고 딸만 점지한 게 분명하다. 딸로부터 독립이 시급하다.

몇 달 전까지만 해도 화분에 관심이 없었다. 나의 정은 편파적이어서 딸들에게로 향했고 관심받지 못한 화초들은 오래 견디지 못했다. 용케 버티고 있던 화초들이 물 한 모금 얻어 마시려면 목이 빠질 지경이 되었다. 조팝나무를 들여놓고 나서는 사정이 달라졌다. 뿌리 내릴 때까지 물을 흠뻑 줘야 한다는 화원 주인의 조언에 따라 조팝나무에 신경을 쓰다 보니 그 옆 화초에도 관심을 주게 된다. 갈증에 시달리던 터줏대감 화초들이 조팝나무 덕을 톡톡히 보고 있다.

새삼 어린 딸 키우는 엄마처럼 조팝나무를 돌본다. 해가 뜨기를 기다려 롤 스크린을 올리고 꽃샘추위가 누그러지는 정오가 지나면 창문을 열어 신선한 공기가 들락거리게 한다. 손가락 끝으로 흙을 헤집어가며 물 주는 시기도 가늠한다. 해의 위치에 따라 화분을 옮겨가며 일조량에도 신경을 쓴다.

오늘 아침에 조팝나무가 정성에 보답이라도 하듯이 꽃 방망이가 될 정도로 꽃을 조밀하게 달았다. 조팝나무와 눈 맞춤을 한다.

"딸, 잘 잤어?"

아침잠이 아쉬운 딸이 제 방에서 몸을 반쯤 일으킨 채 내다보며 조팝나무꽃과 나를 번갈아 보곤 싱그레 웃는다.

"엄마, 예쁜 딸이 생겨서 좋겠네요."

딸이 결혼식장으로 들어갈 즈음이면 조팝나무 꽃잎마저도 살랑이며 날리겠지.

겨울의 진객 동백

꽃이 없는 베란다에 동백나무 한 그루가 서 있다. 동백은 가장 서늘하고 바깥 공기가 잘 드나드는 곳에 둬야 싱싱하다. 진녹색 이파리가 빼곡하다. 해풍이 없어도 오랫동안 잘 자라려나.

오동도에 도착하자 사람들이 폭죽처럼 터진 동백꽃에 탄성을 질렀다. 섬 동백은 꽃도 꽃이지만 잔가지 없이 미끈한 나무줄기가 수려하다. 회갈색 나무줄기는 위로 갈수록 갈색이 더해져서 군데군데 마른 이끼가 덧칠하듯 자란다. 남향으로 서 있는 동백나무는 밝은 회색 줄기가 길쭉하게 뻗어 있어 자작나무를 닮았다. 동백나무 꽃은 나무에서뿐만 땅 여기저기 떨어진 채로 피어 있었다. 노란 속을 수줍게 보여주는 동백꽃을 제대로 감상하려면 오동도에 가봐야 한다.

다산 정약용도 식물 기르기를 즐겼다고 한다. 마당에 나무 심을 자리가 부족해지면 화분에 옮길 정도였으니 다산의 식물 사랑을 가히 짐작할 수 있다. 그의 정원에는 동백나무 한 그루도 서 있었다. 눈이 흩날리는 날, 피고 지는 붉은 동백꽃을 보며 지은 다산의 시를 읊조려본다.

> 흩날리는 눈처럼 북풍이 날 불어와
> 남녘 땅 강진의 밥 파는 집까지 왔네
> 그나마 남은 산이 바다 빛을 가려주고
> (…중략…)
> 나그네 근심을 녹여주는 한 가지는
> 섣달 전에 동백이 꽃을 피운 것이라네
> ―〈나그네 생활 중에 회포를 쓰다〉 중에서

혼자서 지내는 유배지에서 동백꽃만이 생기를 주었을 것이다. 오동나무 찻상에 놓인 동백 꽃잎 띄운 백자 찻종의 온기는 차차 사라지고….

대를 이어오는 식물은 저마다 추억을 품고 있다. 요즘은 건조한 계절이 오면 동백유를 머릿기름으로 사용한다. 이른 아침에 동백기름을 발라가며 머리 쪽을 짓던 할머니가 그리워서인지도 모른다. 처음에 동백기름을 무심코 듬뿍 발랐다가 기름통에 빠진 꼴이 되어 가족들과 한참 웃은 기억도 먼 훗날의 추억이 될 것이다.

사람에게 인품이 있듯이 식물도 품격이 있다. 동백나무와 꽃의 자태는 의연하다. 물 주는 시기를 놓쳐도 덥거나 추워도 나무 기세가 한결같다. 곁에 있는 화초에 붙어 끈질기게 괴롭히는 해충도 동백나무 근처에는 얼씬하지 않는다. 동백은 독야청청 무심한 듯해도 때가 되면 속을 다 토해내듯이 꽃을 피우기로 유명하다.

한기로 얼어붙은 베란다에서 뻣뻣하게 서 있던 동백나무 이파리 사이에 초록 구슬 같은 몽우리가 생겼다. 동백꽃을 볼 기대로 설레기 시작했다. 어린 자식 키 재듯이 여러 날을 기다렸더니 봉오리 끄트머리에 아주 조금 붉은빛을 머금었다.

동백꽃의 개화는 첫아이 산고처럼 길고 길었다. 아기가 다문 입마냥 고 작은 봉오리가 아침마다 서성이게 하더니 마침내 꽃망울이 터졌다. 날마다 꽃잎이 벙글어지더니 아이고나! 동백인가, 달리아꽃인가. 동물도 키우는 이를 닮는다더니 꽃도 그런가. 꽃잎이 촘촘하고 송이가 실하다. 노란 수술을 품은 오목조목한 오동도 홑겹 동백꽃을 바랐건만 인형 방석이라도 할 만한 크기에 붉기는 앵두보다 더하다. 그래도 한겨울 꽃구경이 어디냐 싶으니 반갑다.

나도 동백을 보고 있으면
알 수 없는 정적 속으로 빠져들 때가 있다.

정작 동백꽃은 소리 소문 없이 피었다가
산뜻하게 잊히고 싶은지도 모르는데. .

남녘의 산과 들에서 자라는 동백꽃은 크기가 일정하고 수많은 꽃을 피우지만, 화분에서 자라는 동백은 고작 서너 송이 피는 중에 제일 처음 맺는 봉오리에 힘을 쏟는다. 첫 동백꽃은 선명하고 봉오리가 크지만 늦게 피는 꽃은 개화기가 짧아 아쉬움을 남긴다. 꽃은 어찌나 깔끔한지 나무에 질척대지 않고 시들기 전에 훌쩍 떠나고 만다. 집에서 키우는 동백은 수정의 기회가 없다. 그렇다고 꽃의 매파, 동박새를 불러들일 수 없는 노릇이니 꽃으로 만족한다.

 여름에는 장미를 겨울에는 동백꽃을 즐긴다. 장미와 정반대의 성질을 가진 동백나무는 향이 없는 반면에 장미는 사람도 벌레도 매혹시키도록 향기롭다. 지난 늦여름에 말려두었던 장미꽃 향기가 지금도 은은하다. 장미의 매력이 향기에 있다면 동백은 무취의 안개처럼 신비한 매력이 있다.

 동백과 장미를 더 비교하자면 꽃꽂이 소재로 설명할 수 있다. 장미는 가시만 조심하면 쉽게 만질 수 있으나 동백꽃은 만만치 않다. 억지춘향으로 수반에 옮기려면 이제 막 봉오리 달린 가지로 만족해야 한다. 장미가 향기롭고 우아하다면 동백은 고결한 분위기가 있다. 장미가 향기롭고 우아하다면 동백은 낯선 관심은 절대 거절할 듯한 차가운 꽃이라 하겠다. 동백꽃을 보는 사람마다 해석이 분분하여 저마다의 시선으로 동백을 노래한다. 나도 동백을 보고 있으면 알 수 없는 정적 속으로 빠져들 때가 있다. 정작 동백꽃은 소리 소문 없이 피었다가 산뜻하게 잊히고 싶은지도 모르는데….

곁에 두고 보니 동백은 튼실한 잎과는 다르게 꽃은 새치름하기 그지없다. 될 수 있으면 멀찍이 떨어져서 봐야 한다. 향이 없는 줄 알면서도 혹시나 하는 마음에 코를 대고 킁킁거렸더니 다음 날, 동백꽃에 닿인 부분이 거무스름하게 변하고 말았다. 이 풍성하고 예민한 동백꽃은 개량종이라고 한다.

입춘이 지났으나 이른 아침 바람은 냉혹하다. 오동도 차디찬 해풍 속에서도 붉디붉게 피던 동백이 아슴아슴하다. 아쉬움을 두고 온 까닭이다. 동백은 온전히 홀로 마지막을 감당한다. 인생의 온점이 찍히는 날까지 삶의 의지를 다지며 살아야겠다. 잊을 만하면 안부를 물어오는 지인에게 한 송이 동백꽃을 그려 보냈다.

엄마 손 잡던 날

 손은 심장의 전령사이다. 따뜻한 정은 손을 잡는 것으로 시작한다. 손에서 손으로 전해지는 무언의 속 이야기. 악수로 가볍게 인사하는 정도에서 영원히 잡고 싶은 손이 있다.
 어린 시절에는 친구들과 빨리 친해졌고 손도 쉽게 잡았다. 화장실에 갈 때도 짝 손을 잡을 정도였다. 이십 대까지만 해도 손을 잡아야 사이좋은 친구라고 여겼다. 이성이 처음으로 내미는 손에 심장이 콩닥거렸던 기억도 난다. 작정하지 않아도 손을 잡거나 팔짱을 끼는 사이라면 서로에게 익숙하다는 의미다.
 손이 작은 편이다. 찍어놓은 사진을 보면 큰 키에 손이 작으니 어떠한 자세를 취해도 어색해 보인다. 중년이 되니 손마디가 굵어지고 투박해져서 조금 커 보인다. 손이 작아서 딱히 불편한 일은 없으나 두 손을 가지런히 놓고 보면 참하지 않다. 친구들은 내 손을 '새마을 손'이라는 별명을 지었다. 좋게 해석하면 희고 긴 손보다 일하기에 적합한 손이라는 뜻이다. 새마을 손 탓인지 흔히 말하는 팔자인지 양가의 맏이가 되었다.

오랜 시간을 함께한 혈육 간에도 새삼스럽게 손을 내미는 일은 어색하다. 말하지 않아도 속을 훤히 아는 터라 손잡이라는 소통 도구가 필요치 않다. 누군가와 손을 잡지 않고 독야청청 뒷짐 지고 걸어도 어색하지 않다. 혼자 있는 시간이 길어져도 외롭지 않은 나이지만 언제나 손잡고 오래오래 걸어보고 싶은 손은 '엄마 손'이다.

아홉 살 즈음에 처음으로 밥을 안쳤다. 작은 손이 들기에는 버거운 양재기에 쌀을 담아 씻어서 눈대중으로 밥물을 잡았다. 바쁜 엄마를 대신하여 지은 밥이 죽밥이었던지 고두밥인지 기억이 나질 않는다. 다만 엄마의 다정한 눈길을 기다렸던 것 같다. 여유가 없어 머리를 쓰다듬어 주지 않아도 눈가에 주름이 질 정도의 미소면 충분했다.

유년의 필름을 되돌려 보면 축담 밑에 서 있다. 잔머리가 삐죽삐죽한 갈래머리를 하고 눈만 껌벅거리고 서 있는 까무잡잡한 여자아이다. 나는 엄마를 바라보고 엄마는 안고 있는 동생과 눈을 맞추고 있다. 축담 밑에서 하염없이 엄마를 기다리던 눈길은 젖먹이 동생을 내려놓자마자 중참 지으러 부엌으로 가는 엄마 뒷모습에서 흔들린다.

막내 빼고 동생 둘과 연년생이니 엄마가 큰딸 차지가 되는 운 좋은 기회는 좀처럼 오지 않았다. 유일하게 엄마에게 안기는 날은 머릿니를 잡는 날이었다. 지청구를 들어도 엄마 냄새를 실컷 맡을 수 있는 날이었다. 깔끔한 엄마가 자주 머리를 감겨서인지 동생들은 머릿니가 없었지만 유독 머리숱이 많은 나는 동네 친구들과 놀고 나면 머릿니도 옮아왔다. 머리카락 올올이 당겨지는 아픔쯤은 참을 수 있었던 까닭은 치마폭에 누워 엄마 냄새를 실컷 맡을 수 있어서였다.

엄마의 큰 손은 해야 할 일이 많았다. 따뜻하게 안긴 기억이 없지만 맞은 기억도 없다. 한 살 터울 동생과 옥신각신하다가 '으이구!'라는 소리가 들리면 소리 죽였다. 어른들은 고집 없고 순해서 손 갈 일 없이 컸다고 했지만 자라면서 혼날 일이 없었을까.

자식을 낳으면 부모를 생각한다고 한다. 나는 쉰을 넘어서야 어린 시절에 본 엄마를 이해하기 시작했다. 딸로서가 아닌 여자로 엄마를 바라보게 되었다. 스물세 살 어린 나이에 자식은 줄줄이 태어났고 눈을 뜨면 시작되는 대가족 집안일이 얼마나 버거웠을까. 맏딸이 겨우 기저귀만 떼도 믿음직했을지 모른다.

어느 해 여름에 근교에 있는 허브농장 구경하러 가서 처음 엄마 손을 잡았다. 작은 손이 큰 손을 잡고 얼마를 걸었을까. 뙤약볕 아래 어색하게 만난 두 손 사이로 따뜻한 땀 시냇물이 흐르기 시작했다. 팔짱을 낄까 생각해보았지만 그러기엔 후텁지근한 날이다. 서로 손 놓을 시간을 탐색했을지도 모른다.

손을 잡은 그해부터 엄마를 안아주기 시작했다. 나보다 키 작은 엄마가 품에 들어오면 두툼한 손으로 내 등을 쓰다듬으며 미안하다고 했다. 엄마에게 감사할 일을 생각하기 시작했다. 키 크게 낳아줘서 고맙고 바른 정신력을 물려줘서 감사하다고 했다. 연로한 엄마에게 잠시나마 위로가 되었길 바랐다.

지난 늦여름, 엄마가 배낭을 짊어지고 우리 집을 찾아왔다. 지인이 부탁한 원고 수정 작업을 하느라 노트북에 눈을 박고 있을 때였다. 설거지만 끝내고 컴퓨터 앞에 앉으니 엄마가 미안하다며 딸이 스스로 대학공부를 한 일을 곱씹고 있었다. 홀로 자식 넷을 공부시키려니 달리 방법이 없었다. 엄마가 방에서 나와 앉은뱅이책상에 앉은 내 옆에 자리를 잡고 누웠다. 하던 일을 멈추고 엄마를 안았더니 선잠 들었던 엄마가 실눈을 뜨며 몇 번이고 내 등을 토닥거리며 쓸었다. 거친 소리를 내는 손에 로션을 발라줘야지 하면서도 엄마 겨드랑이로 파고들었다.

　어두컴컴한 방 안에 엄마가 힘없이 누워 있다. 번데기를 엄마 입안에 넣으려 애를 쓴다.

　"엄마, 일어나야지. 이거라도 먹어야 힘을 내지."

　아무리 애써도 엄마는 입을 벌리지 않고 번데기가 떨어진다. 어찌할 바를 모르겠다. 애가 타고 숨을 쉴 수가 없어 눈을 떴다. 꿈, 꿈이다. 마주 누웠던 엄마가 사라졌다. 멍하니 그대로 누워 있으니 베갯잇이 축축하다. 믿기 싫지만 이제 엄마의 따스한 손을 잡을 수 없다.

두 대의 자전거

 여름의 흔적이 드문드문한 산길에 접어들면 대나무가 일제히 바람을 턴다. 숨을 고른다. 바다보다 깊어진 하늘에는 새들의 군무가 한창이다. 최선을 다한 새들에게 커튼콜을 청해본다. 이른 햇살에 시린 눈을 감는다.

 아버지 산소 가는 길이다. 조붓한 길에 접어들자 뭔가 머리를 스치고 날아간다. 비명을 지르며 목을 움츠렸다. 고개를 들어보니 까마귀 한 마리가 맞은편 산을 향해 날고 있었다. 뒤에 따라오던 어머니는 사십 년 넘게 산소에 다녀도 이런 일이 없었다며 희한한 일이라고 한다. 전설 같은 이야기라도 은근히 믿고 싶다. 아버지의 손길이 아득하다.

 천주교 공원묘지에 들어섰다. 열네 살부터 다닌 아버지 묘는 금방 찾을 수 있다. 성묘객이 드문드문한 묘지는 언제나 삭막하다. 살찐 고양이가 어슬렁거리고 까마귀와 까치들이 꽁지깃을 세우고 콩콩거리며 뛸 뿐이다. 준비해 온 물수건으로 비석을 닦았다. 시커멓게 묻어나는 먼지는 아버지를 뵌 지 꽤 오래되었음을 알려준다. 품에 안고 있던 아메리카노와 빵을 올릴 차례다. 뚜껑을 열자, 커피 향이 기분 좋게 코를 자극한다.

아버지는 그 옛날에 흔하지 않던 커피와 빵을 즐겼다. 퇴근하여 들어서는 아버지 자전거에 달린 빵이나 비스킷이 담긴 봉지가 어렴풋이 떠오른다. 묏등에 골고루 뿌리고 남은 커피를 한 모금 마셨다. 머릿속이 아버지로 채워진다. 아버지에게 기대듯 산소에 기대어 앉았다. 남쪽으로 나 있는 오솔길이 산을 젖히며 들어온다. 아버지와 자전거를 타고 달리던 고향 신작로가 겹친다. 눈시울이 뜨거워진다.

열 살이 되던 해에 아버지는 나에게 자전거 타는 법을 가르쳤다. 아버지의 커다란 자전거는 겁먹은 나를 눈치챘는지 좀처럼 받아들이지 않았다.

"혜경아, 아버지가 잡고 있다. 걱정하지 말고 달려."

안심하고 달리다 보면 자전거를 잡아주던 아버지는 어느새 운동장 맞은편에서 뒷짐을 지고 웃고 있었다. 학교 사택에 살고 있었는데 매일 눈만 뜨면 자전거를 끌고 운동장으로 향했다. 넘어지는 횟수가 줄어들고 자전거에 익숙해졌다.

어릴 적에는 선머슴애처럼 장난기가 있었는지 곱게 자전거를 타지 않았다. 엉덩이를 들고 손을 놓으며 아슬아슬하게 자전거를 탔다. 하루는 교문 앞 티자형의 비탈길을 타고 내려가 보기로 작정했다. 운동장을 몇 바퀴 돌다가 자전거를 세우고 호흡을 가다듬었다. 브레이크를 살짝 잡으며 조심스럽게 페달을 밟았다가 재빠르게 핸들을 오른쪽으로 돌렸다 싶었는데 이미 눈 아래로 논바닥이 보였다. 자전거를 잡은 채 질퍽한 논바닥에 처박히자 지나던 동네 사람들이 발걸음을 멈추고 다가왔다. 다행히 아버지 모습이 보이지 않았다.

동네를 돌아다닐 정도로 익숙하게 자전거를 타는 모습을 본 아버지는 내 전용 자전거를 샀다. 무겁지도 않아 끌고 다녀도 편한 날렵한 자전거였다. 늦가을 일요일 아침, 아버지는 쌀쌀하다며 털모자를 씌우며 읍내에 가자고 했다. 아버지의 자전거가 서서히 움직이자 나도 뒤처질세라 힘주어 페달을 밟았다. 아래 담을 지나 논두렁을 지나면 동네 어른들이 한마디씩 했다.

"아따 식잖은 딸래미랑 어디 가노."

아버지는 차별 없이 자식들을 귀히 대했다. 친구를 만나러 가거나 문중 일을 보러 갈 때 나를 데리고 다녔다. 조용히 앉아 어른들의 이야기를 들으며 속으로는 옳고 그르고를 따지곤 했다.

 신작로에 접어들면서 자전거 타기가 쉽지 않았다. 말이 신작로이지 온통 자갈길이었다. 흔들리는 핸들을 꽉 잡고 있는데 좀 크다 싶었던 털모자가 흘러내려 눈을 가렸다. 한 손으로 자전거 핸들을 잡고 다른 손으로 모자를 올리려다 넘어지고 말았다. 자전거에 깔리고도 아버지가 보기 전에 일어나고 싶어 안간힘을 썼다. 바지가 찢어져서 무릎에 피가 묻어났다.

 앞서가던 아버지가 속도를 줄여 천천히 페달을 밟고 있었다. 무릎에 난 상처는 아무렇지 않을 정도로 아버지를 따라가는 것이 급했다. 모자를 윗도리 주머니에 넣고 안장에서 일어섰다 앉았다 해가며 힘껏 페달을 밟아 아버지 자전거를 따라잡았다. 집으로 돌아와서 다리에 난 상처를 본 아버지가 진작 말하지 않았느냐고 짐짓 꾸지람하며 빨간약을 바르자 무릎이 아프기 시작했다.

 아버지가 자주 자리에 누우면서 두 대의 자전거는 달리기를 멈추었다. 곁에서 항상 지지해주던 아버지가 돌아가시자 어린 나는 의욕을 잃었고 매사가 심드렁해졌다. 꽁꽁 언 저수지 얼음판 위에 혼자 서 있는 느낌이었다. 스스로 결정할 수 있는 성인이 되어서야 빙하기에서 벗어났으나 여전히 아

서른아홉의 아버지와 열세 살의 딸이 타던 두 대의 자전거는
여전히 나의 가슴속을 달리고 있다.
미리 받은 백 년 치의 가르침과 천 년 치의 사랑도 실려 있다.

버지가 그립다. 뭐든 열심히 하려고 애썼다. 넘어진 자전거를 일으켜 세웠듯이….

 기억 속의 아버지는 자식 사랑은 많았지만 쉽게 화를 내거나 칭찬하지 않았다. 꾸지람을 할 일이 생기면 커다란 눈을 한 바퀴 굴리며 한참 바라보면 잘못을 깨닫게 했다. 말 없는 훈계는 잘못을 스스로 더듬는 기회가 되었다. 넘어져도 스스로 일어나 따라오기를 기다리던 아버지가 그립고 그립다. 서른아홉의 아버지와 열세 살의 딸이 타던 두 대의 자전거는 여전히 나의 가슴속을 달리고 있다. 미리 받은 백 년 치의 가르침과 천 년 치의 사랑도 실려 있다.

PART 6
오래된 명함

약수 • 산소 같은 사람 • 지심 • 오래된 명함 • 나의 그대여 • 8번 국 숫집의 토렴 • 커피나무 뒤꽂이 • 오월의 신랑 신부에게 • 흑염소 반 마리

약수

친척 중에 맛있는 간장과 된장을 구하러 여행한다는 이가 있다. 주말이면 파랑새 같은 된장을 찾아 나서는 이는 어느덧 일흔 살이 다 되어 간다. 예전과 달라진 환경에서 고향의 물과 어머니의 손이 치대어 내던 맛을 어디서 찾는다 말인가. 그는 된장 맛이 아니라 추억을 찾는 건 아닐까.

그가 태어나고 자란 땅은 산이 첩첩 둘러싸여 있는 마을이었다. 어느 산에서 내려왔는지 맑고 순한 물이 풍부했다. 동네를 감돌아 흐르는 개천이 아이들에겐 놀이터가 되고 벼를 자라게 했다. 자잘한 자갈돌 위에 붙어 있는 다슬기를 잡으며 왁자하게 놀다가 가만히 서 있으면 이름 모를 물고기들이 이리저리 몰려다녔다. 여자들은 여름밤이 깊어지면 어린 딸을 데리고 나와 쉰내 나는 땀을 씻어냈다.

옛날엔 물항아리에 담긴 물을 바가지로 떠서 마셨다. 간혹 물을 바꾸면 배가 아프다는 말이 있기는 했으나 대체로 건강하게 살았다. 지금이야 물이 그리울 때가 있다. 배관으로 친절하게 보내주는 소독한 수돗물을 마시지만 어린 시절의 물이 그립다. 궁여지책으로 수돗물을 받아두거나 정수기를 들여놓기도 하면서 옛 물맛을 더듬었다. 근래에는 생수에 의지하게 되었다.

'○○수는 수많은 현무암질 천연 화산암층을 통과하여 만들어진 순수한 암반수입니다.'라며 수질을 자랑하는 띠를 두른 생수에 의지한 지 오래되었다. 신뢰성 있는 문구에 혹해서 플라스틱병에 든 물을 주방에 쟁여놓으면, 가난하던 시절에 연탄 들여놓은 듯이 든든해진다.

생수에서 연한 비린내가 돌 때가 있다. 한 모금 더 마셔보지만 역해서 뱉고 만다. 곁에 있는 사람에게 동의를 구해보지만 나만 과민한 사람이 되고 만다. 말 그대로 생수이니 기온이 오르면 미생물이 불어나는 건 당연하지 않은가. 두면 둘수록 미생물이 거듭제곱으로 불어날 것이라는 생각을 누르며 찻잎 대여섯 장 넣어서 끓인다.

물은 생명의 원형이다. 입에 맞는 물을 구하려는 의지는 당연한 욕구인지도 모른다. 장맛을 찾으러 다니는 사람이나 물맛을 찾는 나는 입맛이 같을 것이다. 환경이 변할수록 물

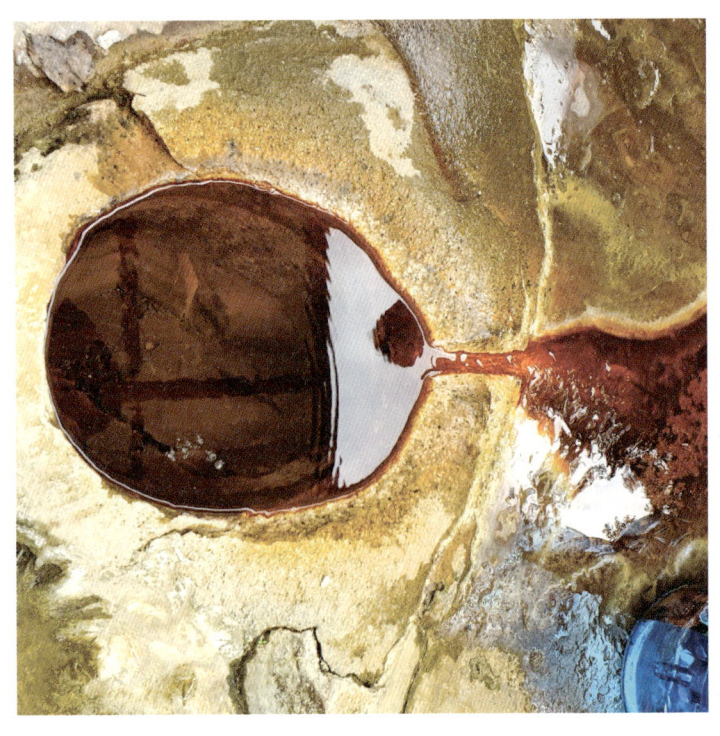

물은 생명의 원형이다.
입에 맞는 물을 구하려는 의지는 당연한 욕구인지도 모른다.
환경이 변할수록 물을 선택하는 여지가 줄어들고 있다.
오염되지 않던 시절이 그립다.

을 선택하는 여지가 줄어들고 있다. 오염되지 않던 시절이 그립다.

  산을 오르는 까닭은 온전히 품은 자연을 느낄 수 있어서이다. 겨울 산은 고요하다. 인적이 뜸해지고 바람길, 하늘길도 열려 있다. 오솔길에 접어들면 댓잎들이 일제히 서걱거린다. 중턱에 다다르기 전에 온몸이 땀에 흠뻑 젖고 거칠어지는 숨소리에 계곡물 소리가 실린다. 다리 한쪽에 몸을 실으며 굽어본다. 한여름 굽이치던 물길이 유순하게 흐르고 있다. 편평한 바위에 앉아 목을 가다듬어 본다. 앞서 걷는 이에게 쑥스럽지만 맑은 공기가 흥을 돋우니 노래가 저절로 나온다. 엉성한 소리 한 자락에 겨울새가 추임새를 넣는다. 정상이 다가올수록 입이 마른다. 말갛게 흐르는 저 계곡물을 손 바가지를 만들어 호로록거리고 싶다.

  재작년부터 고향 들머리 있는 산에 들르기 시작했다. 마을에 가장 가까운 산으로 동서로 가로질러 남쪽에서 솟아 있다. 그림자를 차근차근 밟으며 약수터에 다다랐다. 약수터 옆에 작은 산신각이 있다. 자그마한 공간에 흰 수염이 긴 할아버지가 지팡이를 세우고 앉아 있다. 그림이지만 지나칠 수 없는 기운이 감돈다. 불전함에 작은 성의를 넣고 합장하고 허리를 깊게 구부리는 것으로 예를 갖춘다. 귀한 물을 그냥 마시기엔 미안하던 차였다. 가슴 언저리가 훈훈해진다.

아버지 또 그 아버지가 마시던 고향 물을 마시고 나면 한동안 위로가 된다. 골마지 낀 묵은지에 물만 부어 끓인 국밥 한 그릇 먹은 것처럼 속이 편해진다. 언제부턴가 더운 음식을 먹으면서도 시원하다는 소리가 절로 나온다. 두레박으로 물 긷던 시절로 되돌아가기는 어렵기에 물에 더 절실해졌다.

특별한 일이 없는 휴일에는 약수터에 간다. 산뜻한 공기에 풍욕을 하고 물도 얻어오는 시간이다. 맛있는 물은 며칠이라도 된장 끓이는 솜씨에 보탬이 되어준다. 여유가 있다면 그곳에 작은 집이라도 얻어서 콩 두어 말 삶아 메주 쑤었다가 장을 담고 싶다. 몇 해를 거듭하면 할머니의 손맛이 날까. 상념에 젖는 동안 라디오에서 아나운서의 건조한 목소리가 흘러나온다. "오늘은 대기 정체가 이어져 초미세먼지가 대체로 나쁜 수준입니다."

용서받지 못한 자

박노해

문맹文盲은 동정받아 마땅하고
컴맹com盲은 도움받아 마땅하나
환맹環盲은 지탄받아 마땅합니다

인간의 미래를 파괴하는 자

아이들의 미래를 훔쳐 쓰는 자
오늘을 풍요롭고 편리하게 살기 위해
자신의 발밑을 허무는 자는
결코 용서받지 못합니다

 자연 파괴를 경고하는 시 한 수가 가슴을 후벼 판다. 편리함에 안주했던 생활이 아이들의 미래를 훔친 결과라는 것은 부정할 수 없는 현실이다. 자식이 건강하게 자라기를 빌면서 물려줄 자연환경은 뒷전이었음을 고백한다. 현관에 놓인 약수통을 보고 있자니 양심이 주뼛거리며 일어선다.

산소 같은 사람

 참는 게 능사는 아니었다. 반나절 동안 견디던 통증이 나를 짐 부리듯이 길에 털썩 내려놓았다. 그날은 터뜨리기로 작정한 모양이다.
 양말을 벗어보니 엄지발가락 끄트머리가 벌겋게 곪아 아늘아늘하다. 언제부턴가 오른쪽 엄지발톱이 살을 파고들기 시작했다. 대수롭지 않게 여기고 파고드는 발톱을 삼각형으로 잘라내서 소독하며 버티어 왔다.
 "어허 우짜노. 마취하마 좀 아플낀데요."
 아프다는 소리를 지를 새 없이 뚝딱 치료가 끝났다. 약만 먹어도 되냐는 나의 질문에 주사를 맞고 가라는 의사의 엄중한 대답이 날아온다. 게다가 편한 신발을 신으라는 당부도 잊지 않는다. 하루 더 내원하라는 걸 보니 그리 걱정할 일은 아닌가 보다. 걱정이 없어지니 굽 높은 구두를 신을 수 없다는 아쉬움이 따라왔다.

이 웅숭깊은 사람은 오래된 우리 동네에 붙박이 같은 H 정형외과 병원 주인장이다. 병원장이라고는 하지만 다른 의사가 없으니 진료실과 처치실을 겅중겅중 오가며 환자를 본다. 스무 명 남짓한 대기실에도 환자들이 꽉 차는 날은 거의 없지만 단골 환자 발길은 꾸준하다. 병원장은 환자를 이웃 사촌 대하듯 한다. 그러한 진찰법은 환자의 두려움과 통증을 줄이는 탁월한 효과가 있다. 병원장의 노련한 칼솜씨(?)와 말솜씨에 남녀노소 불문하고 울먹일 새 없이 치료는 끝난다.

십여 년 전, 조금 큰 슬리퍼를 신고 다니다가 발목을 삔 적이 있었다. 괜찮겠거니 했는데 이튿날 아침에 보니 퉁퉁 부어올라 H 병원을 찾았다. 병원장이 허리를 구부려 이리저리 눌러보더니 뼈는 성하니 찜질하면 괜찮아진다고 했다. 그 흔한 엑스레이 검사도 없이 진료는 끝났다. 부은 발을 끌며 병원을 찾아간 내가 민망할 지경이었다. 게다가 주사, 약 처방이 없고 진료비도 없다. 부은 발을 절뚝거리며 간 환자로서 민망하고 멋쩍었다.

이번에 받아온 약봉지에는 알약 두 알이 다정히 들어 있었다. H 병원장의 무심한 듯 뚝뚝한 말투에 신기하게 믿음이 간다. 그의 진단대로 벌겋게 성을 내던 발가락은 삼 일 만에 진정되었다.

H 병원장이 정신이 건강한 의사라고 생각한다. 환자건강을 우선하는 의사는 자신도 건강하다. 미량의 방사능과 항생제도 조심스럽게 쓴다는 광고가 없어도 환자들이 경험으로 느낀다. 의사를 믿는 환자는 치유도 빠르다고 한다. H 의사는 중한 병이 아니면 상처에는 할아버지가 엄살 부리는 손자의 상처에 호~ 하는 정도의 진료를 한다. 우리 가족은 어디라도 삐끗하거나 종기라도 나면 H 병원을 찾게 된다. 의사를 믿을 수 있으니 위약효과도 더해져서 회복도 빠르다.

부모복이 반복이라고 한다지만 사는 동안 좋은 의사를 만나는 것도 큰 복이다. 한겨울에 감기로 불덩이가 된 아이가 놀랄까 봐 손으로 청진기를 데워서 진찰하고, 넘어져 다친 아이를 업고 무작정 병원에 들어서면 가운을 벗다가도 봐주던 의사가 있었다. 잘못된 약 처방으로 퉁퉁 부어서 병원에 갔더니 레지던트를 불러 네 가족이 먹어도 될 약이더냐고 역정을 내던 연로한 의사. 그들은 차가운 청진기와 메스를 따스하게 데울 줄 아는 의사였다.

20여 년 전 작고한 모 대학병원에서 근무했던 L 의사가 떠오른다. 제자에게는 엄격하기로 소문이 났었고 환자들에게 신망을 받던 의사였다. 자그마한 체구에 눈빛이 그 어느 장수보다 빛나던 의사라고들 했다.

원인 모를 고열로 병원을 찾았을 때 의사가 해준 한 마디는 나을 거라는 믿음을 가지게 했다.

앞만 보기보다는 뒤돌아보며 사는 나이가 되었다. 살면서 배려받은 오십 대 후반인 나에게 욕심이 있다면 깔끔하게 사는 것이다. 지는 해를 안은 시월의 서산이 더 붉은 것은 기다리는 세월이 만든 풍광이 아닐까.

사람은 서로의 온기로 살아가는 힘을 얻는다. 몸이 아프면 오죽할까. 환자에게 믿을 만한 의사가 있다는 것만으로도 든든하다. 묵은 정으로 살아가는 우리 동네 풍경 속에는 붙박이 의사가 진료하는 H 병원이 마을 수호 나무처럼 묵묵히 서 있다.

지심

 아직 햇살이 퍼지기 전이다. 건물이 빼곡한 동네에 밭이 남아 있다. 주인 부부가 부지런히 밭을 매고 있다. 회색빛 건물 사이로 농촌의 정경을 구경하는 재미가 쏠쏠하다.
 밭작물이 얼마나 자랐나 궁금해지면 시장에 갈 때 한참 둘러서 가는 길을 선택한다. 나 말고 밭 주변을 자주 서성이는 노인이 있었다. 노인은 한눈에 봐도 병색이 짙어 보인다. 허리가 굽었으나 지팡이 없이 비척거리며 힘겹게 중심을 잡는다.
 노인이 두 손을 휘적거리며 걸어오는 모습을 보고 있으면, 커다란 거미가 움직이는 듯해서 나는 '거미 할머니'라고 부른다. 파마기가 없어진 지 오래된 듯한 머리카락은 끄트머리만 까맣다. 뒤통수가 눌려 있는 것으로 보아 자주 누워 있음을 짐작한다.

 길에서 마주치면 굽은 허리를 힘겹게 펴서 나를 올려다본다. 주름진 이마 아래 눈썹 문신이 꿈틀거리고 삼각형으로 처진 눈빛이 나를 골고루 훑는다. 그때마다 고개를 깊게 숙이고 한쪽으로 비켜서게 된다.

 노인이 밖으로 나오는 날은 기운 조금 나서인 듯했다. 어둑한 골목길을 비척거리며 다니기도 하는데 차가 지나갈 때마다 간이 쪼그라드는 것 같았다. 동네 노인이라 여기면 되지만 할머니의 거동은 늘 신경이 쓰였다.

 무심한 노인 얼굴에 미소가 스치는 걸 본 적이 있다. 동네에 있는 작은 어린이집에서 아이들이 올망졸망 줄 서서 나오니 걸음을 멈추고 바라보고 있었다. 지금은 초라해 보이는 노인도 누군가의 젊은 어머니 시절이 있었을 것이다.

 어느 날 거미 할머니가 우리 집 앞에 쪼그리고 앉아 뭔가 열심히 하고 있었다. 가까이 가서 보니 이제 막 올라오는 풀을 뽑고 있었다.

 "할머니, 뭐 하세요."

 무얼 하는지 뻔히 보면서 딱히 할 말이 없어 던진 말이었다. 처음으로 거미 할머니의 목소리를 들었다.

 "여그, 지심 봐라."

 익숙한 말이다. 밭에 풀을 뽑아내는 것을 지심을 맨다고 하는데 김을 맨다는 방언이다. 그러고 보니 시멘트 길 작은 틈새로 풀이 자라기 마련인데 집 근처에는 풀이 없다.

 십여 년 전만 해도 드문드문 밭이 있었다. 집들이 촘촘한 이 마을에 거미 할머니가 농사를 짓던 밭이 있을 수도 있겠다. 일터 잃은 노인이 습관처럼 김을 매듯 동네 잡초를 뽑을 거라는 짐작을 한다. 집 주변이 깔끔한 까닭은 노인이 무료한 시간을 채우려고 풀을 뽑은 까닭이겠다.

 어린 시절, 우리 할머니는 한겨울 빼고는 밭에 살다시피 했다. 어둠이 채 걷히기도 전에 밭에 나가면 해를 이고서야 돌아왔다. 머릿수건으로 이리저리 털고 늦은 아침상을 받았다. 할머니의 더없이 성실한 마음의 거름이 고추가 되고 감자, 고구마가 살쪘다.

 언제부턴가 거미 할머니가 보이지 않는다. 노인의 이름과 나이도 모를뿐더러 집도 모르니 안부를 알 길이 없다. 건강은 어떤지, 돌봐주는 사람이 있는지. 집이 어디냐고도 물어봤어야 했다.

 오래 사는 것도 좋은 일만은 아니라는 말이 있다. 오래전 돌아가신 할머니도 그런 말을 했다. 할머니의 마지막 목표는 '자는 잠에 가겠다.'였다. 죽음은 누구나 두려운 일이지만 노인들에게는 가장 큰 과제인 것 같다.

 노인이 살기 어려운 세태라는 생각이 든다. 경제적으로

어느 날 거미 할머니가
우리 집 앞에 쪼그리고 앉아 뭔가 열심히 하고 있었다.
가까이 가서 보니 이제 막 올라오는 풀을 뽑고 있었다.
노인은 지심을 매던 시절이 그리운지도 모른다.

여유가 있는 노인들은 취미 생활하거나 여행을 다니며 여가를 즐기지만, 빈곤층의 노인들은 돈이 있어야 자식들이 자주 찾아온다는 서글픈 자책을 한다. 노인에게 외로움보다 더 무서운 일이 있으랴.

노부모들이 예전처럼 손자들 재롱만 보는 일은 거의 없다. 일부 노인은 손자와 같이 살려면 직장 다니는 자식들을 위해 육아를 돌봐줘야 한다. 육아의 늪에 빠져 있다가 건강이 나빠지면 대부분 요양원으로 가게 된다.

나는 베이비붐 세대의 막내이다. 세대 간 이해의 격차가 점점 벌어져 서러운 노인을 이해할 수도 있고 실업난의 힘겨운 청년도 이해할 수 있다. 급변하는 사회에 적응하는 청장년들의 힘겨움도 측은하다. 자식을 안고 노인 다섯을 업은 청년의 그림이 그려지는 현실이 안타깝다.

인정하기 싫지만 이제 노인을 우대하는 일이 정부 정책에만 있다. 동네 어른을 만나면 인사하는 이들이 줄어든 것을 봐도 그렇다. 거미 할머니가 힘겹게 바람 쐬러 나와도 아는 척하는 이가 드물어지고 있다. 앞만 보고 내달는 젊은이에게 예전의 관습을 요구할 용기가 나지 않는다.

노인은 지심을 매던 시절이 그리운지도 모른다. 지심은 김을 맨다는 사투리이다. '지심'이라는 더없이 성실한 마음을 뜻하기도 한다. 어느 세대이건 자식을 낳고 키우느라 최선을 다하기는 마찬가지이다. 농사를 짓건 사무실로 출근하건 지심이 없이는 안 될 일이다.

직장을 다녀본 사람들은 월요병을 앓아봤을 것이다. 단꿈 같은 주말을 보내고 호랑이처럼 떡 버틴 월요일 아침의 힘겨움, 지금의 노인들도 그러한 날들을 이겨내며 자식을 키웠을 것이다. 마을 어른과 마주치면 고개를 조금 숙이고 지나가는 정도의 예를 갖추면 좋으련만….

밭에는 고추가 익어가고 길가에 '지심'이 올라오는데 거미 할머니가 보이지 않는다. 하늘은 높고 바람 쐬기 딱 좋은 날씨인데. 언제라도 거미 할머니가 골목 끝에 나타난다면, 한달음에 달려가야겠다. 눈높이를 맞춰가며 곰살맞게 안부도 물어야지. 박하사탕이라도 미리 사둬야 하나.

오래된 명함

상큼한 바람이 분다. 장롱 문을 활짝 열어 묵은내를 내보내기에 좋은 날이다. 옷장 아래 칸에 놓인 작은 상자가 먼저 보인다. 조심히 꺼내어 쓰다듬듯이 먼지를 닦아내고 뚜껑을 열었다. 추억을 소환하는 자잘한 물건들 위에 명함 한 장이 눈에 띈다. 참 오래된 명함이다.

휴대전화가 없던 시절에는 아날로그적인 서정이 있다. 연락이 끊긴 지인을 길에서라도 만나면 반가움을 잠시 접고 연락처를 물었다. 명함이 없으면 수첩 속지라도 찢어서 전화번호를 적어 건네며 다음을 기약했다. 만년필 뚜껑을 입에 물고 핸드백을 책상 삼아 숫자를 눌러가며 적고 있는 사람과 자신의 이름이 또박또박 적히는 걸 지켜보는 사람, 군중 속에 서 있는 두 사람을 상상해보면 선명한 그림 한 폭이

뜬다.

  명함은 최소의 공간에서 표현된 개인의 소개서이다. 역할은 몇 가지로 분류된다. 불특정 다수에게 뿌리는 생계형이 있다. 이면까지 이력을 빼곡히 적은 명함에는 자신의 능력치를 최대한 알려야 하는 절박함이 배어 있다. 화려한 색감으로 제작된 디자인 명함은 짧은 시간 관심을 끌기에 성공한다. 나는 이름과 연락처에서 담박한 삶의 기운이 느껴지는 명함을 선호하는 편이다.

  손에 든 명함은 작은딸 나이로 꼽아보니 삼십 년 정도 보관해왔다. 단조롭고 소박한 바탕 위에 병원명과 이름 사이에 볼펜으로 깨알처럼 적은 손글씨가 있다. 작은 동그라미 속에 '집'이라는 글자가 들어 있고 전화번호가 나란히 적혀 있다. 오래전에 받아 둔 명함 한 장으로 시·공간을 거슬러 오르기 시작했다.

  어머니는 나를 당신에게서 떨어져 있게 했다. 어릴 때는 할머니에게 맡겨졌고 학창 시절에는 숙모 밑에서 지냈다. 성인이 되자 일찌감치 시집보낼 궁리를 하는 눈치였다. 그럴 때마다 집을 떠나기 싫었으나 홀어머니의 말이는 거절하는 방법에 익숙하지 못했다. 어머니가 돌아가시고 주변 사람들의 전해주는 말이 퍼즐처럼 한 곳에 맞춰졌다. 그토록 딸을 떼어놓으려고 하던 일들은 점쟁이가 일러준 방책이었다.

결혼한 그해 겨울에 사달이 났다. 고열에 시달려 정신이 희미해지면서도 병원 이름을 댔다. 가보지 않은 병원 이름이 떠오른 일이 지금도 신기할 따름이다. 응급실에서 진료과가 잘못 정해졌을 때 자신의 진료과로 급히 불러들인 의사가 있었다. 아버지와 나이가 같은 내과 의사였다.

L 교수의 진료 대기실은 항상 북적거렸다. 대학병원이라 환자가 많은 탓도 있었고 한 사람 한 사람에 대한 진료시간이 길었다. 환자들은 자신의 이름이 불리기를 참을성 있게 기다렸고 그 마음을 아는 듯 진료실 문은 아예 열려 있었다. 의사는 의자 등받이에서 떨어져 앉아 환자의 안색을 살피며 하소연에 집중하고 있었다. 그분은 치료의 길을 환자에게서 찾아내려는 듯했다.

해가 갈수록 L 교수에 대한 신뢰가 굳건해져서 병원을 옮길 때마다 어떻게든 병원을 찾아냈다. 덕분에 건강을 지키기 위해 포기했던 자식도 낳을 수 있었다. 큰아이가 여섯 살 되던 해에 둘째를 가지려고 병원에 들렀다.

"와 또 낳을라카노."

"외동은 외로울 것 같아서요."

사람은 어차피 외롭다는 말은 귀에 들어오지 않았다. 죽을 만큼 아픈 사람 살려놓으니 욕심부리는 격이었다. 다행히 자식이 허락되는 검사 결과가 나왔다.

생명이 움트는 봄이 되자 둘째 자식이 들어섰다. 산달이 가까워질 즈음에 건강 검진을 하러 갔다. 진료실에 들어가서 인사하면 안경을 코끝으로 내리며 '혜경이 왔나, 별일 없제.'라고 물었다. 의사의 염려 어린 말 한마디는 보약보다 더한 위로가 되었다. 무겁게 일어서는 나를 보더니 명함을 주면서 급한 상황이 생기면 언제라도 연락하라고 당부했다.

다행히 응급한 일은 일어나지 않았다. 문제가 생겼더라도 전화하지 않고 응급실로 갔을 것이다. 환자에게 종일 시달리는 분의 귀한 시간을 뺏고 싶지 않아서였다. 그렇게 오래 뵈면서도 감사한 마음을 제대로 표현하지 못했다. 붙임성이 지금보다 더 부족한 나이였다.

그분이 돌아가셨다는 뉴스를 듣던 날의 기억이 어제처럼 생생하다. 잘못 들은 것이라 여기고 싶었다. 소식을 인정하는 순간, 삶의 항해에서 방향키를 놓친 듯이 혼란스러워졌다. 세상이 필요로 하는 사람은 하늘에서도 필요한가. 그토록 환자들에게 열성을 다하던 분이 정작 당신은 칠순을 다하지 못했다.

얼마 전 작고한 이어령 선생의 제자가 쓴 《이어령의 마지막 수업》을 읽다가 숨이 턱 막히게 하는 문장이 있었다.

"문득 그가 사라지고 나면 아버지를 잃은 고아 같은 기분이 들 것만 같았다. 그가 나의 육친은 아니지만…."

나도, 나도 그랬다.

손바닥보다 작은 지면에 감당할 정도의 책임감이 들어 있다. 오롯이 휴식할 수 있는 공간, 자신만의 정보 부분은 배제되어 있다. 지극히 평범한 나도 집안을 보여주는 대상이 한정되어 있듯이 나만의 공간을 공유하는 일은 조심스러운 일이다. L 교수가 집 전화번호를 알려준 뜻을 곰곰이 생각해본다. 자신의 건강을 온전히 맡긴 환자를 신뢰한다는 뜻이었을까. 돌아가신 아버지처럼 믿고 의지하는 내 속을 짐작했을지도 모른다. 집 전화를 급히 적어주던 L 교수는 당신 딸을 떠올렸을지도 모른다.

질병의 고통은 겸허함을 선물했다. 경거망동하지 않으며 나를 깊이 들여다보려는 의지가 생겼다. 나처럼 L 교수가 남겨준 선한 영향력으로 건강하게 사는 사람들이 많겠지. 아지랑이 따사로운 날에 존경하고 그리운 이가 내 가슴에 들어선다. 참 보고 싶다!

나의 그대여

인구는 줄어든다는데 신호등은 늘어나고 있다. 인생의 반 넘게 살아온 동네가 복잡해졌다. 중앙분리대가 생기고 도로에서 진입하는 골목길마다 신호등이 엄중하게 서 있다. 조급하고 삭막한 거리에도 봄이 찾아왔다.

운동 삼아 동네 한 바퀴 뚜벅거리려면 여러 번 신호대를 통과하게 된다. 초록 신호를 기다리는 시간이 멋쩍어져 주변을 서성거리게 된다. 빨강 신호등을 향해 스스럼없이 돌진하는 돈키호테 같은 사람, 신호가 바뀌기를 기다리는 사람들을 힐끗 쳐다보곤 잰걸음으로 지나치는 이도 있다. 오가는 차가 없어도 꼿꼿이 서 있는 사람을 만나면 마치 뜻을 같이하는 벗을 만난 양 반갑다. 운전하던 지인이 차창을 내리고 싱그러운 인사를 던져주는 날이면 걸음걸이가 한결 가벼워진다.

  유일하게 무단횡단하던 곳은 시장 초입 길이다. 주말이나 장 보는 시간이면 차와 사람이 엉킬 때가 잦았다. 안전을 염두에 두고 있으면서도 차를 피해 가며 황급히 건너던 행인들 사이에 끼어서 걷던 시절이 있었다. 찜찜한 마음이 들 때면 혼잡한 길이 정리되기를 기다리거나 일부러 한참 아래로 내려가서 건너곤 했다.

  마산에 볼일이 있어 들렀다가 장복산 길을 지나왔다. 인적이 뜸한 언덕은 진해 벚꽃 축제를 고즈넉하게 즐기기에 좋은 장소이다. 수백 살은 족히 먹은 듯 늙수그레한 벚나무 둥치가 묵직하다. 노거수가 겨우내 준비한 꽃 잔치를 열어주는 곳이다. 꽃그늘 아래 놓인 벤치에 앉아 있으니 무릉도원이 이런가 싶다. 무심히 지나던 바람에 연분홍 꽃잎이 하늘 가득 쏟아져 내리고 자동차가 지날 때마다 가라앉았던 무성한 꽃잎들이 땅바닥을 끌어가며 솟구친다.

  산을 타고 내려오니 시내 벚꽃 터널에 빈틈이 없다. 알록달록한 봄옷 입은 이들이 송이송이 꽃이 되어 흐르고 있다. 참! 봄에는 묘하게 설레게 하는 그 무엇이 있다. '연분홍 치마가~ 봄바람에 휘날리더라'라는 노래와 '봄바람 휘날리며~ 흩날리는 벚꽃잎이 울려 퍼질 이 거리를 우우 둘이 걸어요'라는 〈벚꽃 엔딩〉이 추억을 데려온다. 이 봄에 하염없이 푹푹 빠지고 있다.

〈봄날은 간다〉는 전쟁 후의 폐허에서 탄생한 가요이다. 나도 어린 시절부터 들었던지 누군가 선창하면 적당히 따라 부를 수 있는 정도다. 수양버들처럼 낭창낭창 부르다가 제 멋에 겨워지는 노랫말에서 그 시대 여성의 감성이 느껴진다. 사람들의 마음에 잔잔하게 스며드는 노래는 부르면 부를수록 진한 맛이 난다.

〈벚꽃 엔딩〉은 봄날마다 들어도 쉽게 질리지 않는다. 언뜻 듣기에 이웃집 아들이 소리를 줄여가며 연습하듯이 흔히 들을 수 있는 노래다. 그대여, 그대여 한번 부르면 아쉬워서 다섯 번 부르는 노랫말에 목소리마저 간절하다. 연분홍 물결 속에서 잔잔한 호소가 울려 퍼지고 있다.

해마다 보는 벚꽃이지만 마음에 변화가 일어난다. 올해 벚꽃 구경에서는 스무 살 즈음의 남녀가 나란히 손을 잡거나 팔짱 끼고 가는 걸음이 화사하다. 간간이 마주 보고 웃는 발그레한 볼이 벚꽃보다 더 참하다. 방년, 얼마나 좋은 나이면 꽃이 화사하게 피는 듯한 때라고 할까. 여백이 넉넉한 생을 바라보는 즐거움도 꽃구경 못지않다. 왕벚나무 아래 선 젊은 남녀의 웃음에 꽃바람이 화르르화르르 불어온다.

연일 보도되는 뉴스에 대국민 사과하는 청년이 나온다. 찬찬히 뜯어보면 풍채만 당당하던 제 할아버지 모습이 있

한바탕 꽃 잔치 속에서 고마운 일들이 새록새록 생각난다.
나와 함께 굳세게 달려온 나의 그대여,
젊음은 짧고 노년은 길다고 하니 저 웅장한 벚나무처럼
우리 제대로 의연하게 좀 더 걸어가 봅시다!

다. 격세 유전이라는 말이 있듯이 아비보다 더 잘생긴 외모지만 속이 텅 비어 보인다. 흔히 말하는 금수저였던 그가 할아버지 잘못을 대신 사과한다니 측은한 마음이 앞선다. 청년에게 김삿갓을 소개해 주고 싶다. 저이의 할아버지는 자손에 대한 배려마저 없었다.

《방랑 시인 김삿갓》이라는 책을 열 살쯤에 읽었다. 낯선 시골 학교에 전학해서 적응하는 기간에 학교 도서관에 틀어박혀서 무슨 책이건 눈에 띄는 대로 읽은 책 중의 한 권이다. 김삿갓, 김병연이 제 조부를 비판하여 급제한 사실을 뒤늦게 알게 된 수치 때문에 방랑하며 걸음마다 시문을 남긴 인물이다. 세상에 완벽한 사람이 있을까만 적어도 나에게 한 권의 인생 법전을 물려준 선친이 새삼 그립다.

벚꽃이 피는 시기가 점점 빨라지고 있다. 자연주기 시계추가 급해지면서 다양한 식물들이 꽃 피는 순서가 엉키는 걸 보는 심사도 편하지 않다. 자연은 사람에게 할 말이 많아 보인다. 봄날을 찬란히 장식하는 벚꽃이 씁쓸한 비유에도 쓰인다. 학령인구가 줄어들어서 벚꽃 피는 지역의 순서대로 대학교가 문을 닫는다는 말이 생겼다.

듣기로 젊은이들에게 단칸방에서 신혼살림을 차리라면 펄쩍 뛴다고 한다. 다정히 걷는 저들에게 자식을 낳고 기를 정도로 서로 믿고 사랑하냐고 물어보고 싶다. 책임이 따르지 않은 사랑은 꽃이 피지 않는 봄과 같다. 꽃이 피는 시기는 결실을 거두려는 나무 인생의 출발선이다. 집·자가용·재력·외모 등이 완벽하게 갖추지 않으면 결혼도 망설인다니 시대를 탓해야 할까. 미래가 불안한 까닭일지도 모른다. 먼저 살아온 사람에게도 책임이 있다.

가까운 곳에도 벚꽃이 지천인데 해마다 굳이 진해에 오는 이유가 있다. 묵직하고 단단하게 세월을 견뎌온 벚나무를 만날 수 있기 때문이다. 노거수 삶에도 봄날만 있었으랴. 줄기 여기저기에 난 생채기 흔적과 옹이를 보면 갖은 세파를 견뎌온 어른을 만난 듯 숙연해진다. 한바탕 꽃 잔치 속에서 고마운 일들이 새록새록 생각난다. 나와 함께 굳세게 달려온 나의 그대여, 젊음은 짧고 노년은 길다고 하니 저 웅장한 벚나무처럼 우리 제대로 의연하게 좀 더 걸어가 봅시다!

8번 국숫집의 토렴

 어느새 겨울의 초입에 들어섰다. 11월의 끝자락은 축제가 끝난 후처럼 스산하다. 한 철 자랑하던 단풍잎이 바람결에 뒹굴고 몇 장 남지 않은 잎을 달고 있는 나무가 쓸쓸하다.
 이른 어둠이 깔리는 귀갓길, 스치는 밤바람에 등이 선득선득하다. 뜨거운 국물을 먹고 싶다. 발길을 돌려 시장으로 향한다. 미로처럼 구불구불한 골목에 들어서 멸치국물 냄새를 따라가면 다닥다닥 붙은 국숫집에 이른다. 단골집, 8번 국숫집에 들어선다. 낡은 장판이 씌워진 긴 나무의자에 앉은 사람들이 국수를 먹거나 기다리고 있다. 내가 들어서자 앉아 있던 이들이 조금씩 몸을 움직여 자리를 내어준다. 옹기종기 앉은 사람들의 온기가 전해져 온다.
 주인이 커다란 솥 앞에서 설설 끓는 다시 국물을 담았다

부었다 하며 그릇을 데우고 있다. 그릇에 삶은 국수를 담고 뜨거운 국물을 부어 데운다. 후끈해진 그릇에 국물 한 국자로 잔치국수가 완성된다. 토렴의 진한 정이 들어간 8번 집의 잔치국수는 면발도 뜨끈하다. 뿌옇게 오르는 김 사이로 국물이 차란차란 담긴 국수가 나왔다.

"뜨겁습니데이 손대지 마이소."

아주머니가 벌겋게 익은 손으로 국수 그릇을 바싹 내 앞으로 민다. 뜨거운 그릇을 잡는 저 손은 뜨거운 세월의 흔적이리라. 고명이라야 데친 부추와 숭숭 썰어 볶아 올린 애호박이 전부다.

손맛이라는 말이 있다. 맨손으로 음식을 하면 '정도'를 가늠하게 된다. 나물을 무쳐도 익히기와 기름이 적당한지 가늠할 수 있다. 오랫동안 뜨거운 음식을 만지는 손은 겹겹이 화상을 입는다. 맨손으로 숭덩숭덩 순대를 썰어내는 순댓집 할머니도 뜨거운 그릇을 내미는 국숫집 아주머니도 그럴 것이다. 맨손으로 고봉밥을 쌓던 어머니 손도 세월의 화상을 입었겠지.

한 숟갈 곁들인 양념장이 감칠맛을 더한다. 경상도 토박이라서 그런지 부추보다는 '정구지'라는 말에 더 정이 간다. 정구지 나물을 올린 국수 한 젓가락을 길어 올린다. 멸치 육수가 더해져 입안에 구수한 맛이 퍼진다. 적당히 익은 큼지막한 깍두기는 별다른 양념을 넣지 않은 듯해도 아삭한 식감이 입맛을 당긴다. 그릇째 들고 국물 한 모금을 마신다. 국물이 넘어가니 속이 뜨듯해진다.

이마에 맺힌 땀을 연신 닦으며 국수를 삶고 있는 아주머니는 언제봐도 한결같다. 긴 젓가락으로 국수를 젓던 아주머니와 눈이 마주친다. 무뚝뚝해 보여도 깊은 눈매에서 정이 느껴진다. 큰고모 같기도 하고 이웃집 언니 같기도 하다. 무엇보다도 어릴 적 먹었던 국수를 말아낼 줄 안다. 먼 고향의 맛을 내는 사람이다.

감기를 심하게 앓고 난 뒤 입맛이 없을 때 국수가 생각났다. 국숫집에 들렀더니 아주머니가 안색을 살피듯 쳐다보더니 국수 한 그릇을 말아냈다. 그날따라 국물이 평소보다 뜨겁고 '정구지' 고명이 푸짐했다. 청양고추를 더 썰어 넣은 양념장 그릇을 밀어주며 모자라면 더 줄 테니 천천히 많이 먹으라는 말을 곁들였다. 칼칼한 국수 한 그릇에 한바탕 땀을 빼고 나자 허기가 채워지고 기운이 났다.

아슴아슴한 추억이 떠오른다. 몇 살인지도 기억나지 않으나 어머니는 외가에 다녀오는 길에 가락국수를 먹었다. 그때는 기차역 안에 가락국수를 팔았다. 선로와 선로 사이 적당한 곳에 있는 국숫집에서 김이 모락모락 올랐다. 국숫집은 다음 기차를 기다리는 사람들의 추위를 덜어주었다.

미끄덩하게 넘어가는 가락국수를 어머니는 남김 없이 국물까지 훌훌 마셨다. 스물두 해 동안 정든 친정에서 대가족 시댁으로 되돌아오는 서글픈 길에 뜨끈한 가락국수가 위로였을지도 모른다. 그때 나는 이맛살을 찌푸려가며 가락국수를 넘기는 어머니에게 국수가 싫다고 말할 수 없었다. 어머니가 챙겨야 할 일이 많은 집안에서 원하는 대로 살 수 없다는 걸 일찌감치 배운지도 모르겠다.

국수는 면을 좋아하기보다 진하게 우려낸 국물이 좋다. 국수를 간단하게 한 끼 때우는 음식이라 여기지만 막상 만들어 먹으려면 멸치 육수 우려내는 시간을 기다려야 한다. 뚝딱 해낼 수 없는 음식은 정성이 반이요 손맛이 반이다. 국수 한 그릇에 먹을 사람에 대한 대접과 사랑이 더하면 훨씬 맛이 깊어진다.

8번 국숫집 아주머니는 사 먹는 음식에서 좀처럼 기대하기 어려운 맛을 팔고 있다. 정을 판다고 해야 옳은 표현이다. 천연재료에서 다시 국물을 우려내어서인지 밀가루 음식인데도 속이 부대끼지 않고 뒷맛이 깔끔하다. 고단하거나 한기가 드는 날이면 8번집 국수가 떠오르는 까닭은 주인의 덕만큼 진한 맛 때문이리라. 음식에는 진지한 마음의 조미료가 들어가야 제맛이 나는 것이다.

국수는 부담이 없이 사 먹을 수 있는 음식이다. 여럿이 어울려 먹어도 누가 돈을 내어도 괜찮다. 긴 겨울이 시작되었다. 곁 온기가 필요하다. 인심이 예전만 못하다고들 하지만 여전히 서로 다독이며 사는 세상이다. 8번 국숫집 아주머니처럼 푸근한 사람이 있으니…. 이 해가 다 가기 전에 친애하는 이들에게 진한 국물에 몇 번이고 토렴한 잔치국수 상을 차려내고 싶다.

커피나무 뒤꽂이

삼 년 전, 설 쇠고 나서 여유롭게 화원 구경에 나섰다. 밖에는 싸락눈이 내렸고 온실 안은 따사로웠다. 여러 관엽식물 속에 눈길을 끄는 나무 화분이 있었다. 잎새 모양이 상수리나무와 비슷하지만 줄기 색이 달랐다. 구하기 어려운 커피나무라고 알려주는 주인의 말에 호기롭게 두 그루를 골랐다. 화원 주인이 일러주는 커피나무 키우기 주의 사항은 간단했다. 햇빛이 잘 드는 곳에 두고 물을 자주 주지 말라는 정도의 일반적이었다.

산과 멀리 떨어진 곳에 있는 집은 잎이 넓은 식물이 많으면 많을수록 좋다. 커피나무처럼 큰 잎은 눈의 피로를 덜어줄 뿐만 아니라 집안에 청량감을 준다. 들여온 커피나무는 한 올 햇살도 반가운 거실에 정감 어린 분위기를 자아냈다.

윤기 나는 새순이 한잎 두잎 올라오는 걸 보니 봄이 기다려졌다. 관엽식물이 주는 싱그러움은 삭막하던 겨울이 촉촉해졌다.

커피나무가 무사히 겨울을 넘기는 동안 하얀 꽃이 지고 열매가 달리기 시작했다. 우리나라에 자생하는 차나무 꽃도 흰색이다. 녹차와 커피는 꽃도 비슷하지만 유혹하는 카페인 맛이 닮았다. 카페인이 들어 있는 차는 늦은 시간까지 일하거나 공부하는 사람에게 잠을 깨우는 효과가 있다지만, 나는 불행인지 다행인지 커피를 많이 마셔도 카페인이 숙면을 방해하는 일은 거의 없다. 커피와 합이 좋은 체질인지도 모른다.

푸르스름하던 커피콩이 한 달 두 달 아주 조금씩 익어갔다. 커피콩이 붉어지는 모습을 보면서 프라이팬에 커피 볶을 날을 기다렸다. 기대가 크면 실망도 크다고 했던가, 구수한 커피 향이 온 집안을 채우는 날은 오지 않았다. 잘 크던 커피나무가 환절기에 탈모를 겪듯이 날마다 잎을 떨구었다. 해를 넘기며 잘 자라던 커피나무였다. 봄이라고 베란다에 내놓아서 냉해를 입은 탓인지, 물 조절을 잘못해서인지 알 수 없는 노릇이었다. 급히 거실로 들여놓고 물을 줘보았지만 소용없었다.

죽은 나무를 그대로 두는 일은 매우 을씨년스러운 일이

다, 커피나무를 화분에서 꺼내려고 하니 흙을 꽉 잡고 있어 꿈쩍도 하지 않았다. 좁은 공간에서 살려던 의지가 느껴지면서 진이 빠지고 코끝이 싸해졌다. 줄다리기에 진 것처럼 커피나무를 놓았다. 흙이 튀고 잎이 떨어져서 너저분한 베란다가 눈에 들어오면서 다시 힘내었다. 밑동만 남기고 줄기를 자른 다음 꽃삽으로 흙을 파면서 꺼냈더니 곰팡내가 확 올라왔다. 커피나무가 물에 체한 증상이다.

산과 들에 사는 식물을 보기에 좋다고 화분에 심은 책임은 만만치 않았다. 열대지방에 살던 커피나무를 통풍시킨다며 이른 봄기운에 들썩거리며 베란다에 내놓고 물을 주었으니…. 아끼던 커피나무를 잃고서야 식물마다 다른 특성을 이해하려는 노력이 부족했음을 깨닫게 되었다. 인간관계도 그렇듯 식물과도 소통이 필요하다. 과도한 정성이 독이 될 때가 있다. 관심과 애정에도 정도가 있어야 하고 친분이 있어도 일정한 거리가 필요하다.

화분 물 주기는 시기를 제대로 알아채는 것이 가장 중요하다. 꽃집 주인이 알려준 '겉흙이 마르면 물 주기'라는 방법은 화원의 온실에서 맞는 재배법이었을 것이다. 환경에 따라 키워야 했다. 건조한 날씨에는 겉흙은 금세 마르지만 뿌리는 축축할지도 모른다. 직접 겪어본 바로는 손가락 한 마디쯤 넣어 흙 속 물기를 가늠해야 한다.

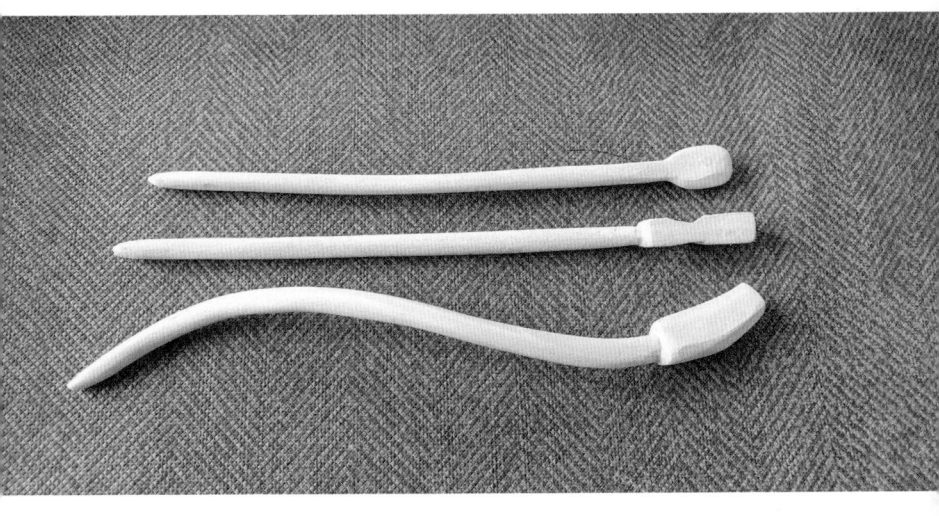

이태를 함께하던 커피나무가 이제 내 머리 뒤꽂이가 되었다.
가슴 한 자락에 쌉싸래하고 상큼한 두 그루 커피나무가 심어졌다.

식물을 키우면서 가장 부담이 되는 것은 곰팡이다. 곰팡 냄새가 나면 통풍이 부족하거나 물기가 많다는 뜻이다. 곰팡이는 식물의 생장을 막으므로 곰팡이 균주가 활발해지는 조건을 줄이려면 통풍이 필요하다. 창문을 자주 열어 주고 선풍기 바람을 쐬게 하지만 생명이 끈질긴 곰팡이에게 무기력해질 때가 있다.

화초를 키우려다 곰팡이 포자를 흡입하는 일은 생각만 해도 찜찜하다. 급한 마음에 인터넷 검색을 했더니 락스를 희석한 물을 주면 효과를 본다기에 일부 식물 잎이 탈색되는 낭패를 겪었다. 과산화수소수를 사용해보기도 하며 거듭 실패를 경험한 후에야 식초를 이용하여 곰팡 냄새를 잡았다. 식초를 희석해서 뿌렸더니 베란다 식물이 활기를 찾기 시작했다.

좁은 화분에 뿌리내리는 식물의 운명은 키우는 사람 손에 달렸다. 여러 번 착오를 겪는 가운데 식물의 자생지를 알아내고 적당한 토양과 기후가 어떤지 짐작하게 되었다. 물가에 살았는지 건조한 땅에 살았는지를 살펴서 흙을 선택해야 한다. 사람도 예민하거나 무던한 성격이 있듯이 식물도 기질이 있다. 겉으로 봐서는 도무지 모를 때가 있으므로 한동안 잘 지켜보아야 한다. 허허거린다고 편안히 대하다가 낭패를 볼 수 있다. 베란다에 적응할 시간을 같이 견뎌주어야 한다. 줄기가 연한 화초는 배려하는 시간을 길게 잡아야 한다. 목질화되는 초목 식물은 베란다에서도 잘 적응하는 편이다.

  잘라둔 커피나무 줄기가 바짝 말랐다. 그냥 놔두면 쓸모없는 작대기일 뿐이지 않은가. 커피나무가 곁지기의 손재주로 세 개의 뒤꽂이로 다시 탄생했다. 진갈색 커피나무의 속살은 분이라도 묻어날 것처럼 뽀얗다. 틀어 올린 머리를 커피나무 뒤꽂이로 단단히 고정하고 하루 첫 커피를 마신다. 이태를 함께하던 커피나무가 이제 내 머리 뒤꽂이가 되었다. 가슴 한 자락에 쌉싸래하고 상큼한 두 그루 커피나무가 심어졌다.

오월의 신랑 신부에게

　오월의 신록이 눈부시다. 봄볕에 달구어진 담장에 덩굴장미가 송이송이 화려하게 달리고, 산과 들에는 찔레꽃 송아리가 한창이다. 봄소식과 함께 받기 시작한 청첩장이 달력에 징검징검 들어섰다. 오월의 신부라는 말이 있듯이 결혼하기 참 좋은 계절이다.
　결혼식의 풍습이 점점 바뀌고 있다. 아버지가 딸 손을 이끌어 사위 손에 올려주고 쓸쓸하게 돌아서는 장면을 거의 볼 수가 없다. 훤칠한 신랑과 아름다운 신부가 나란히 손을 잡고 활기차게 예식장에 입장한다. 주례사 대신 양가 아버지가 편지 낭독을 한다. 구구절절한 당부 대신에 참다운 부부가 되는 경험담을 들려주며 어른으로서 출발하는 자녀를 축복한다. 재기발랄한 젊은이들의 진행으로 엄숙하던 예식을 축제의 장으로 이끈다. 사회자의 짓궂은 요청으로 신랑 신부가 수줍게 하는 키스로 장내는 웃음꽃이 만발해진다. 사랑하는 그 마음이 오랫동안 변치 않기를 기도한다.

'서로에게 애틋하고 열렬하게 그리워하는 마음'이라는 사랑의 사전적인 말과는 달리 부부의 인연은 사랑만으로 유지되기 어렵다. 평생 같이하는 부부에게 한결같은 열렬한 애정을 요구하는 것은 무리다. 사랑의 기한은 삼 년이라는 말도 있듯이 평생 배우자가 감동하도록 애쓰는 일은 지레짐작만 해도 힘겨워진다. 서로 부대끼며 살다 보면 상대방이 곱게 보이기만 할까. 식탁 앞에 마주 앉은 이의 김치 씹는 소리가 거슬릴 때도 있으며, 심지어 미운 남편 뒤통수를 프라이팬으로 후려치고 싶을 때도 있다. 젊은 시절에는 정말이지 한 대 콱 때려주고 싶을 때가 있었다.

서른 살 초반, 아닌 밤중에 홍두깨도 아니고 자다가 처음으로 뺨을 맞은 적 있었다. 벌떡 일어나 보니 어이없게 옆지기는 대자로 누워 세상모르고 코를 골고 있었다.

'자다가 일어난 일이니 그냥 넘어갈 것인가. 맞은 그대로 갚아줄 것인가.'

고요한 어둠 속에서 숨을 죽이고 생각에 잠겼다. 숨어 있을지도 모를 그의 폭력성에 대한 의심이 드는 순간, 나의 손은 이미 그의 오른쪽 뺨에 가서 철썩거렸다. 작은 손이 의외로 엄청난 위력을 가졌던지 자던 사람이 화들짝 놀라며 볼을 감싸고 일어났다.

"무슨 일이고 엉, 와이라노."

놀라는 기색으로 보아 몸부림을 치다가 돌아누우며 나를 친 게 분명했다. 자초지종을 듣고 서로 웃어넘긴 일이지만 상대가 참을성 없는 사람이었더라면 크게 마음 상할 사건이었다. 지난 일을 회상하면 그가 남편을 때린 여자라고 놀리고 나는 감히 아내를 때린 남자라고 응수하며 한바탕 웃는다. 이해하는 마음과 인내하는 여유가 없었더라면 힘센 남자를 어찌 감당할 수 있으며, 미주알고주알 따지며 말 많은 여자였더라면 어땠을까.

자식 낳고 키우면서 풋풋했던 신혼 애정과 다른 동지애가 더해진다. 날이 갈수록 밍밍해지는 남녀 사이에 자식이라는 양념이 들어간다. 서로에게 충실했던 마음이 자식에게 기울어지면서 서운한 마음이 울컥 일어날 때도 있을 것이다. 결혼생활의 과업에서 자식이 가장 큰 비중을 차지하는 사실을 되새기며 이겨낸다. 어떠한 고난이 와도 이겨나갈 단단한 기둥 같은 의지가 세워지고 마주 보던 두 사람의 눈길이 나란히 앞으로 향하게 된다.

긴 세월을 함께하다 보면 슬쩍 한쪽 눈을 감아야 할 때도 있다. 눈을 감을 뿐만 아니라 때로는 귀도 닫아야 편하다.

가족이라는 공통분모 위에서 같이한 시간과 안정은 비례하니 결혼은 썩 괜찮은 선택이다. 세월이 유유히 흐르다 굽이치기도 하면서 묵은 정이 이끼처럼 켜켜이 쌓여 어지간한 일에 상처받지 않을 완충재가 생긴다. 뾰족하던 심사가 뭉툭해져 측은지심이 생기고 미안해질 때도 있다.

인생의 출발선에 선 신랑 신부를 보고 있자니 〈님아, 그 강을 건너지 마오〉라는 오래전 영화가 떠오른다. 89세 할머니와 98세 할아버지가 강원도 횡성의 아담한 마을에서 살아가는 일상을 담은 영화다. 장성한 자식들이 떠난 집에서 신혼부부처럼 사는 노부부는 자식을 잃은 슬픔도 함께 묻고 있었다. 먼저 간 자식들에게 보낼 내복을 어루만지다가 태우는 장면에서 영화관은 눈물바다가 되었다. 애교 넘치던 할머니는 할아버지가 자리에 눕기 시작하면서 웃음이 줄어든다. 평생 함께 살았으니 그보다 소중한 인연이 어디 있으랴. 자리에 누운 할아버지의 잦아지는 기침에 근심 깊었던 할머니의 잔상이 남아 있는 영화이다.

5월 21일은 부부의 날이다. '평등하고 민주적인 부부 문화를 만들기 위해 제정한 법정기념일이다.' 연인이자 동료로서 관계를 유지하려면 사랑만으로는 거의 불가능한 일이다. 서로를 택한 책임감과 신뢰를 바탕으로 이겨나가야 한다. 돌이켜보면 가장 믿고 의논할 사람이 배우자라고 생각하면 얼마나 고마운가.

 한 남자와 한 사십 년 가까이 살아보니 상대방 바꾸기는 어렵다는 사실을 깨닫는다. 상대를 나에게 맞추기보다 서로에게 흡수하는 방법이 차라리 나을 수 있다. 이제 막 결혼식을 마친 신랑 신부여, 배우자를 있는 그대로 인정하면 행복해지는 경험을 일찌감치 하기를 바란다.

흑염소 반 마리

두 여자가 한 남자로 인하여 한집안 사람이 되었다. 한 여자는 서른 해 넘게 주던 정을 반으로 나눠야 하고, 새로 등장한 여자는 고마운 줄도 모르고 당연한 듯이 한 남자를 제 사람으로 여겼다.

어머님과 나의 사이는 어정쩡하게 시작되었다. 소심한 어머니와 꼿꼿한 며느리의 조화롭지 않은 관계였지만 평화로운 편이었다. 난생처음 '여시'라고 별명을 주신 분이 어머니였다. 여우, 얼마나 영리한 동물인가. 어머니의 속마음이야 어떻든지 썩 마음에 들었다.

아버님이 돌아가시자, 어머님의 목소리가 커지기 시작했다. 당황스러웠지만 어머님의 불안한 눈빛을 외면할 수 없어 섭섭해질 때마다 마음을 다잡기로 했다. 반백 년 넘는 세월 동안 아버님의 그늘에만 살던 어머니가 무인도에 혼자 남은 느낌일 것이라는 짐작을 한다. 어머님은 아버님 없이는 멀리 가지도 못할 정도였으니.

며칠 전 어머니 전화가 왔다.

"흑염소 반 마리 할래?"

'흑염소'라는 말을 듣자마자 긴장이 되었다. 어머니는 늘 서론 없이 본론으로 들어가시기 때문에 속뜻을 미루어 짐작하며 대화를 나누어야 한다. 설마 염소를 딱 반 자른 그대로 보내실까. 염소 이야기를 듣고 있으니 어렸을 때 뒷산에 풀어놓아 먹이던 흑염소가 떠올라 몸서리쳐진다.

"촌에 너거 고모한테 흑염소 한 마리 보내라켔다."

고모라면 영덕에 사시는 시고모님인데 염소를 키우는 모양이다. 며느리인 나는 번번이 다 정해진 일을 통보를 받게 된다. 머뭇거리자 전화기 너머에서 어머니의 단호한 어조의 목소리가 들린다.

"와 먹기 싫나. 뼈는 내가 고아 묵고 너거는 살만 가져가거라. 니 동서 반 마리 주고."

흑염소는 철분이 많고 따뜻한 기운을 가져서 여자에게 좋다고 한다. 염소 손질을 도와야 하는 부담감이 쓰나미처럼 밀려왔으나 딸들에게 먹일 욕심에 덜컥 받겠다는 대답을 했다. 아무리 마음을 굳게 먹어도 반들반들한 염소 눈을 볼 걱

시어머니에게 서운한 일이 있으면,
며느리로서 대들 수 없는 노릇이니 속앓이만 하다가 꿀꺽 삼키곤 했다.
여행하다가 기차 좌석에 나란히 앉게 된 낯선 여자들처럼,
불편하던 고부 사이를 세월이 해결하고 있었다.

정이 앞선다. 염소도 죽으면 눈을 감으려나.

"아니요 먹을게요. 그 큰 염소를 어떻게 손질하시려고요."

"야가 무슨 소리하노. 촌에서 털은 싹 꼬실러뿌고 내장 다 정리해가 보낼긴데."

그래도 그렇지, 흑염소 한 마리를 집에 들이는 일이 작은 문제가 아니다. 털이 그을리고 피가 낭자한 염소를. 소와 돼지는 도축장에서 잡는데 염소는 그러지 않은가 보다.

"어머니. 염소 머리도 오나요?"

"안그래도 대가리는 너거 고모한테 고아 묵어라켔다."

죽어가는 고통이 남아 있을 머리는 보지 않아도 되지만, 머리가 잘려 처참해진 흑염소는 또 어떻게 보나. 겨우 생각을 해낸 방안이 어머니의 아들을 보내기로 했다.

"어머니. 아범 가면 손질하시지요."

아들이 아까운 어머니는 바쁜데 오지 않아도 된다는 말을 마치곤 전화를 끊었다.

결국, 어머니 혼자 염소 고기를 손질했다. 어젯밤, 퇴근하고 어머니 댁에 다녀온 남편 손에는 묵직해 보이는 까만 비닐봉지가 들려 있었다. 택배를 받자마자 발골 작업을 해서 싱싱하다고 한다. 막상 피가 흥건한 고깃덩어리를 손질할 용기가 도저히 나지 않았다. 겉으론 강해도 속으론 여린 구석이 있음을 잘 아는 남편이 당연하다는 듯이 칼을 들고 왔다.

"비끼라. 내가 고기 썰 동안 양념 준비해라."

고백하자면, 집안 어른들의 칭찬을 받는 맏며느리 임무 완수에는 남편의 보이지 않는 수고가 있어 가능하다. 남편 덕분인지 청혼할 때 둘째 아들이라던 남편의 거짓말이 아니어도 나는 맏며느리 자리가 적성에 맞는 편이다. 인터넷 검색을 해가며 난생처음 흑염소 요리에 들어갈 양념을 준비했다. 이미 어머니와의 대화에서 입맛을 잃었는데 사정 모르는 식구들은 맛있게 먹어 다행이었다. 몸에 좋다는 흑염소 고기를 자식들에게 먹이고 나니 뿌듯하다. 어머니의 사랑은 먹거리로 도착한다.

요즘 들어 어머님이 손이 커졌다. 계획에 없던 장을 봐서 보내는 바람에 물리도록 먹게 하거나, 너무 오래 보관했던 음식을 보내 곤란할 때가 있다. 어머니의 무계획한 사랑 전달은 대부분 부담이 된다. 더덕 한 상자, 쌀이 좋다며 보내온 찹쌀 두 포대. 많지 않은 식구에 넘치는 양은 이웃이나 친인척끼리 나누어 먹으면 되지만 그것도 한두 번이지 은근히 아까운 마음이 든다. 아버님에게 용돈을 타 쓰시던 어머님이 돈 쓸 자유를 얻은 덕분에 자식들은 예상치 않은 먹거리를 받곤 한다.

"어머님, 맛있게 먹었어요. 담엔 조금만 주세요."

번번이 말씀을 드려도 소용이 없다. 남편을 불러 손에 들려 보낼 때가 있어 당황스럽지만 어머님의 허전한 마음을 달래는 방책이라 여긴다. 아버님에 대한 기억이 희미해질 때까지 어머님의 쇼핑은 이어질 듯하다.

시어머니에게 서운한 일이 있으면, 며느리로서 대들 수 없는 노릇이니 속앓이만 하다가 꿀꺽 삼키곤 했다. 어머닌들 어설픈 며느리인 내가 마음에 들었으랴. 여행하다가 기차 좌석에 나란히 앉게 된 낯선 여자들처럼, 불편하던 고부 사이를 세월이 해결하고 있었다. 어느새 나는 어머니의 말투를 닮아가는 것만 보아도 그렇다. 올봄, 내 다이어리 한 장에 어머니와 흑염소 반 마리가 들어갔다.

• 서평 •

꽃으로 직조한
사람살이의 서정과 서사

박양근 문학평론가, 부경대 명예교수

 문학은 사람을 심미감을 지닌 창조자로 만드는 예술이다. 작품을 통해 작가는 자신의 형상과 이미지와 아우라를 구현하려 한다. 형상은 생명체를, 이미지는 존재자를, 아우라는 고유한 아티스트가 되는 조건으로서 일상을 차원 높은 세계로 끌어올리는 요소들이다. 형상과 이미지와 아우라는 온몸으로 만들어내는 개인의 인상미로서 색감과 향기가 넘치는 작품을 만드는 질료이기도 하다.

 모든 사람은 나름의 색채와 체취를 갖는다. 그 분말을 전파처럼 발산시켜 자신이 누구인가를 드러내면서 상대방과 소통을 이루어낸다. 나아가 '나는 존재한다, 고로 언어가 있다'라는 낯설면서 친숙한 문학론을 형성한다. 그리하여 작가는 언어로 삶을 빚어내는 도공의 존재로 살아간다. 도자기 같은 작품은 인간적 작가로 살아온 증표이지만 쉽게 얻을 수 있는 게 아니다. 자연 속에 핀 야생화처럼, 태양빛에 익는 올리브처럼, 때로는 붉게 물든 낙엽 같은 작품을 만들려면 남다른 인식과 사유가 요구된다. 그런 외양과 실재를 이룬 것이 성혜경의 삶과 글이라 하겠다.

성혜경이 지닌 삶에 대한 경애감과 문학에 대한 집중력은 순연하면서 치열하다. 김해문학과 향토 문화를 위해 오래도록 재능 나눔의 봉사를 해왔다. 이러한 삶은 무겁지 않으면서 진중하고, 가볍지 않으면서 친애하다. 비교적 이른 시기에 아버지와 사별한 후 사 남매 중 장녀로서 가족과 가정에 애정을 기울여 일찍부터 소양을 길러왔다. 남동생이 신장을 이식해주어 새 생명을 얻은 후에는 자신과 주변을 향기롭게 가꾸겠다는 인생론을 정립하였다. 난을 치고 화초를 키우고 다례를 익히고 그림을 배우고 수필가로 등단한 예술적 성취를 가족과 지인을 위한 작가적 예의라고 여긴다. 그런 가운데 야생화를 삶의 표상으로 여기며 인향人香과 문향文香이 충일한 작품 세계를 세웠다.

첫 수필집 《타래난초》는 작가로서 삶을 반영한 메타포다. 메타포로서 작품은 작가의 이미지와 아우라를 생생하게 표현함으로써 서사를 문학적 진경으로 승화시켰다. 정교한 상징체계도 작가의 감성을 육화하여 진술한 수필집을 상재하는 동력이 되었다. 작가의 수필집이 진솔한 사유와 감성의 결정체라는 뜻이다.

1. 자아와 꽃의 메타포

사람에게 가장 가까운 존재물은 사람과 사물과 자연이다. 사람 중에서 가족은 의식주를 함께하는 운명의 동행자다. 자식으로 불렸다가 짝을 만나 자신의 가족을 이루면 세대라는 매듭이 하나둘 이루어지고 가문은 유장한 강물을 되어 흐른다.

가족이나 사물에 못지않게 사람과 운명을 함께하는 것에 자연이 있다. 자연 중에는 정서적 감정을 표현하고 반응해주는 꽃이라는 존재가 있다. 꽃은 제철에 맞추어 피고 제철에 맞게 진다. 생사의 분수를 알고 향기와 색깔과 형상으로 사람을 위로하고 희망을 준다. 어떤 자연물보다 문학의 소재로 선별되고 작가의 감수성에 부응하는 이유가 여기에 있다.

성혜경은 어린 시절부터 꽃과 화초와 야생화에 남다른 관심과 애정을 기울였다. 시골에서 자란 덕분에 꽃을 분신으로 삼고 작고 연한 꽃에 남다른 애정을 기울이며 정을 실어 내는 언어로 간주하였다. 꽃을 아우르는 세월은 그녀의 감정을 성숙시키고 그 글은 정체성을 올곧게 다지는 죽비가 되었다.

은유는 대상을 보다 리얼하게 형상화하는 비유법이다. 외적으로는 사물의 유사성을 찾고 내적으로는 작가의 심리세계를 제시하는 심미적 기법으로 작동한다. 꽃은 그녀의 인간미와 문학적 미감을 결속시키는 문학적 매체가 되었다.

바슐라르는 문학과 상상의 관계를 질문과 대답으로 풀이한 철학자이자 작가이다. 내재적 질문으로 소재의 근원을, 외향적 질문으로 여타 대상과의 관련성을, 인간과 자연과의 관계로 개체 간의 생태적 존재성을 살펴야 한다고 하였다. 나아가 그는 자신이 살고 있는 시공을 돌아보라고 권하였다. 그런 만큼 《타래난초》를 읽어 나갈수록 꽃에 대한 인식과 상상이 바슐라르의 물질적 상상에 연유하고 있음이 분명해진다.

성혜경은 꽃을 읽고 대화를 나누는 소질이 남다르다. 생명 이상의 의미체로 여기면서 꽃을 키우고 그림을 그리고 꽃차를 만들면서 꽃을 생활 일부분으로 밀착시켜 나간다. 이런 과정을 통해 '화향인향'이라는 자아수련을 행함으로써

〈붓끝에서 피는 꽃〉은 대표작이라는 품을 갖추게 되었다.

> 화선지를 팽팽하게 펼친다. 붓이 흰색 물감을 머금고 보라색 물감 위로 가볍게 스쳐 날아오른다. 호흡이 들숨에서 멎고 붓이 지긋이 내려앉는다. 수술 주변으로 한장 한장 모여지는 꽃잎, 잎맥이 뛰기 시작한다. 붓이 한바탕 물탕을 하고 일어선다. 수건에 몸을 쓸어가며 매무새를 고른다. 날숨이 끝나고 초록 물감 한입 머금고 먹물 한 점 슬쩍 찍는다. 줄기가 서고 잎이 달린다. 붓꽃이 고개를 든다.
>
> ─〈붓끝에서 피는 꽃〉 일부

작가가 추구하는 사물과 자아 간의 물아일체가 화선지에 한 폭의 그림으로 그려진다. 물아일체는 무생물조차 영적 존재로 만들고 작가의 존재성을 향상시키는 역할을 한다. 꽃에 대하여 글을 쓰고 그림을 그리고 꽃물을 들이고 꽃차를 만드는 창조는 그녀만의 감정 표현이다. "인생의 반을 넘긴 시점에 몰입의 열정"이 꽃에서 이루어진 것을 행복해한다.

성혜경은 남동생의 신장을 이식받고 두 딸의 출산을 의사의 도움으로 견뎌낸 후 가족의 건강에도 각별한 관심을 기울였다. 이러한 생활의 변화로 연약하지만 강한 본성을 본

받은 야생화를 아끼는 생태적 작가로 변모하였다. 산과 들로 다니면서 꽃을 찾는 취향도 자연의 미감을 향유하는 길이 되었다.

도시 아파트에 사는 그녀에게 베란다는 정원이다. 단독주택이 가진 꽃밭이며 시간을 내어 발길을 내딛는 꽃바람 부는 들판 격이다. 베란다에서 자라는 많은 화초는 마치 그녀가 정성스럽게 키우는 아이들처럼 보인다. 꽃마다 만남과 양육의 인연을 지녀 베란다에서 이루어지는 정서적 교감을 모두 합치면 작가의 초상이 이루어질 정도다.

그녀가 유달리 좋아하는 꽃은 야생화다. 야생화는 넓은 의미에서 잡초에 속하지만, 자연에 자리함으로써 사람들의 사랑을 받는다. 작가도 "여인의 고아한 품위와 삶의 생멸"을 떠올린다 하듯이 심미적 관조와 사유를 그녀의 작품에서 떼어낼 수 없다는 점은 극히 당연하다.

모든 들꽃이 그녀에게는 언어다. 모양이 낯설거나 향기가 특이하면 모종과 씨앗을 사서 베란다에 키운다. 그런 가운데 꽃들은 갖가지 이야기를 피워간다. 쥐 발바닥 모양에서 따온 〈쥐손이풀〉은 어떻게 이름이 불리던 자신의 모습을 탓하지 않는 순응을 이야기한다. 옹기 마을에 살았던 안주인의 소박한 삶을 닮고 싶은 작가의 희망도 감칠맛 나게 담긴다. 〈겨울의 진객 동백〉에서는 추운 겨울을 이겨내는 동백의 의연함을 본받으라는 전언을 들을 수 있다.

작가는 꽃과의 대화를 "스며들다"로 표현한다. 스며든다는 것은 벽 없는 감정이 상대방의 마음속으로 들어가는 교감으로서 그녀가 동경하는 행동이기도 하다. 실제 작가는 가족을 위해 꽃전을 붙이고 마음을 다독이기 위해 꽃차를 끓인다. 당연히 우려낸 차를 마시는 것이 제의적 절차라는 형식을 지닌다.

> 어느새 마음의 흙탕물이 가라앉아 있다. 조붓이 앉아 제 고운 물 아낌없이 우려내는 꽃차를 가만히 바라다보며 고요히 성찰하는 것도 좋은 방법이 된다. 혼술, 혼밥이라는 단어가 생길 정도로 경쟁에 지쳐 혼자만의 시간을 즐기는 현대인들에게도 술보다는 꽃차를 권하고 싶다.
>
> ―〈꽃물에 스며들다〉 일부

자타의 벽을 무화시키고 서로에게 감정이입하는 차의 묘미는 우려냄과 스며듦을 '고요한 성찰'에 일치한다. 차를 마셔 동고동락을 이루는 것은 문학에서 말하는 동일성과 비슷하다. 작가는 근원적 존재를 모색하는 삶과 글쓰기를 통해 다정다감한 생의 놀이꾼으로 살아가려 한다.

2. 타래난초의 가족 이미지

 사람은 태어나는 순간부터 가족의 일원이 된다. 부모의 몸을 빌리지 않고 태어나는 경우는 불가능하다. 신화와 전설과 종교에서 이야기하는 특별한 탄생은 어디까지나 인간의 꿈과 허구를 반영한 것에 불과하다. 가족이라는 말에는 부모·형제자매·자식이라는 공동체를 이루며 얽히고설킨 핏줄을 이어간다는 의미가 담겨 있다. 칡넝쿨 같은 복잡다단한 인간사회도 가족이라는 울타리가 있기에 제 역할을 한다.

 작가가 그려내는 삶은 보통 사람들의 방법과 다르게 표현된다. 보통 사람들은 주택의 크기와 가구의 종류와 식탁에 차려지는 접시의 숫자로 호사와 빈곤을 구분한다. 예를 들면 금빛 접시와 오래된 냄비는 빈부의 실상을 단적으로 드러낸다. 작가들은 실제 삶을 강조하기 위해 설명보다는 이미지라는 기법을 즐겨 사용한다. 대나무 그림을 벽에 걸어 기개를 표현하는가 하면 해바라기에 대한 글을 써서 화목한 가족애를 자랑하기도 한다. 장독대의 채송화와 뒷밭에 키우던 쑥갓은 가난하지만 부지런했던 부모의 생활력을 이어받은 자식임을 밝히는 이미지에 속한다.

 성혜경은 자신을 꽃의 오감으로 은유하였듯이 가족사를

펼칠 때 여러 이미지를 빌려온다. 어찌 보면 어머니로서 가족을 돌보는 것인지, 가족들이 그녀를 지켜주는 것인지 구분이 안 될 정도로 질감 있는 꽃의 이미지에 일치한다. 이 기법은 남편과 자식에 대한 각별한 애정을 설명해주는 단서라 할 수 있다.

〈타래난초〉는 표제작으로 꽃의 이미지가 강렬하게 투사된 작품이다. 표제작은 작가의 삶과 가족 서사를 서술하고 작가의 고유한 작품 세계를 반영한다. 나아가 꽃이 지닌 이미지와 은유까지 포함한다는 조건까지 고려하면 〈타래난초〉가 단연 돋보인다.

타래난초는 긴 꽃대를 축으로 올려 꽃들이 나선형으로 돌려가며 피어나는 특이한 난초다. 타래 머리를 올리고 밤새워 타래실을 감는 등 여성의 일상적인 집안일을 연상시키고 아름다움을 가꾸려는 여인의 이미지를 지녀 작가의 성품에 일치하는 면이 적지 않다. 할머니, 어머니, 작가, 그리고 두 딸이 4대에 걸친 등장인물로 등장하고 살림을 일구고 딸을 시집보내고 그 딸이 다시 제 딸을 출가시키는 여성 서사도 탄탄하다. 그 외에 바느질, 도마, 질빵, 밥솥 등 다감한 소품을 다수 배치하여 수필 시학의 요건을 빈틈없이 갖추었다.

작품은 베란다 화단에서 피어난 생경한 풀이 난초임을 우연히 알아차리고 빈 화분에 옮겨 심는 것으로 시작한다. 우연이 인연이 되는 구성이다. 꽃이 피어나는 모습을 지켜보는 가운데 작가는 어린 시절에 밤늦도록 어머니와 함께 실을 감고 풀었던 어느 저녁을 떠올린다. 당시는 알지 못하였으나 타래실이 인생이란 홀로 풀고 감아 나가야 한다는 운명을 가르쳐주는 어머니의 가정교육임을 알아차린다.

> 삶은 홀로 실 감기와 같다. 돌아오는 길 없는 생의 종착까지 타래실을 풀어내어 실패로 감아내듯 살아내야 한다. 실이 엉키듯 갑갑해지면 무릎을 곧추세워 안고 얼굴을 묻는다. 고뇌의 터널에서 해결의 실마리를 잡으면, 무릎이 틀이 되고 두 손이 실감개가 되어 인생 타래를 풀어간다. 어머니가 실타래가 헝클어질라치면 치감고, 끊어지면 맞매듭 지어 감는 것처럼 나아가는 길이다.
>
> ―〈타래난초〉 일부

작가는 어린 시절부터 타래난초 같은 삶을 동경해왔다. 집에서는 장녀의 본분을 지키고 직장에 다닐 때는 동료 간의 우애를, 결혼한 후에는 며느리와 아내로서 역할을 기꺼이 수행한다. 질빵으로 기저귀를 만들고 어머니가 그랬듯이 가족을 위해 따뜻한 밥을 차리면서 차근차근 삶의 지혜를 터득한다. 무엇보다 그렇게 올라가는 인생의 탑이 타래난초가 나선형으로 꽃을 피워내는 모양과 흡사하다는 사실을 깨친다.

후반부는 9명으로 늘어난 일가족이 인근에 소풍을 간 이야기다. 타래 같은 소나무 숲길을 올라 정자 마루에 둘러앉고 이번에는 딸들이 실타래를 풀 듯이 밥상을 느릿하게 차린다. 통째 가져간 밥솥으로 따뜻한 점심을 먹는 가족 나들이는 어머니가 실타래를 통해 전수해 주었던 다감한 가족애를 구현한다. 여자는 꽃을 피우는 줄기이며 자식들에게는 흔들리지 않는 중심이라는 메시지는 어떻게 살아야 할 것인가를 알려주는 인식을 돋보이게 해준다.

성장한 딸들이 분가한 후 작가는 자신을 '빈 둥지 어미 새 신세'라고 말한다. 이럴 때 상기하는 작품이 〈귀쑥〉이다. 어린 시절에 먹은 군것질만큼 고향과 사람을 그립도록 하는 것이 없다. 도다리쑥국을 즐겨 끓여 먹는 작가는 4월이면 귀쑥떡을 안고 집에 찾아왔던 큰고모를 생각한다. 큰고모는 아버지를 대신하는 친가의 어른이다. "고모 쑥"으로 부를 만큼 추억의 귀쑥은 타래실과 더불어 혈연의식을 일깨워 주기에 더없이 적절한 역할을 한다. 큰고모가 병원에 입원했을 때 가져간 오이와 복숭아는 산 자와 죽은 자 사이의 애달픈 인연을 자아낸다. 목화꽃 같은 이 작품은 꽃과 인간의 유사성을 강단 있게 풀어내어 몇 번이고 읽어도 정겨운 작품이 되었다.

〈헌책〉은 꽃을 소재로 하지 않았지만, 생화에 못지않은 드라이플라워의 향취를 불러일으킨다. 아버지에게 책값을 받아 헌책방에서 샀던 《무정》은 맏딸이 공부하는 사람이 되기를 간절히 바랐던 아버지의 소망을 강조한다. 나아가 아버지에 대한 그리움의 모티프인 책은 어린 시절의 독서와 현재의 작가라는 신원을 연결하고 있다.

> 지난날을 돌이켜 보니 아버지는 예감하고 있었다. 자신이 떠나고 나면 맏딸이 공부하는 기회가 줄어들 거라고…. 《무정》에는 글을 읽고 공부하는 것을 멈추지 말라는 아버지의 가르침이 있었다. 딸·아들 구별하지 않고 키우려던 아버지의 신념만으로도, 녹록지 않은 세상을 흔쾌히 견디며 살았다. 나는 선친의 푸른 꿈이었기 때문에….
>
> ―〈헌책〉 일부

'나는 선친의 푸른 꿈'이라는 어구는 그렇게 살겠다는 작가의 푸른 결기를 강조한다. 부모의 정을 표현할 경우, 문학성은 어떤 소재를 선택하는가에 좌우된다. 밥이라는 생리적 소재, 노동이라는 일상적 소재, 화초 같은 심미적 소재보다 책이나 문구류가 대상의 품격을 한층 더 높여준다. 작가는 책으로 부녀간의 학구적 일체감을 강조하고 수필집을 발간함으로써 소원을 이루어드렸다는 수단으로 삼는다. 아들딸을 구별하지 않았던 아버지의 애정을 응축한 〈헌책〉은 감동과 공감이 어떻게 작품에 장치되어야 하는가를 잘 보여준다.

꽃과 주변 지인들을 연관시킨 작품도 주목을 끈다. 〈애기분홍달맞이〉는 직장동료였던 킴과의 즐거운 시절을 되살린 작품이다. 미소녀처럼 새초롬한 꽃과 뽀얀 얼굴의 작은 인형을 닮은 킴의 인상미를 "달의 기운이 남아 있는 시각에 피는 꽃"이라는 이미지로 풀어낸 완숙한 기법이 인상적이다. 잡초를 뽑아내는 노인의 밭 노동을 모티브로 택한 〈지심〉은 동네 거미 할머니에게도 한때는 '누군가의 젊은 어머니'였다는 지엄한 인생을 그려내면서 지심至心이라는 의미도 함께 풀어낸 언어적 변형이 주목을 끈다. 손맛이 음식 맛이라는 〈8번 국숫집의 토렴〉은 대가족이었던 시댁으로 시집온 어머니가 친정이 그리워지면 가락국수를 남김없이 훌훌 마셨다는 기억을 떠올리며 자신도 감기를 앓고 난 뒤 국수 생각이 난다는 모정을 혀끝 맛의 이미지로 살려낸다.

성혜경이 소개하는 꽃의 메타포와 사물의 이미지에는 살아오면서 다듬어온 그녀의 품성이 고스란히 반영되어 있다. 그녀는 보잘것없는 야생초조차 스토리를 지닌 소재로 변신

시키는 상상력을 발휘한다. 화려함이 아니라 정겨움을, 부러움이 아니라 애틋함을 아우르는 서정과 서사는 꽃 자체를 귀하게 여기는 자세 덕분이라 하겠다.

3. 삶과 사물을 아우른 감수성

사람마다 살아가는 목적과 방식이 다르다. 하지만 변하지 않는 것은 가족의 건강과 행복이다. 소소한 것처럼 여겨지지만 그것이 충족되어야 주변의 아름다움을 살피기 시작한다. 감성적인 반응에서 인문학적이고 심미적인 인식의 기쁨을 찾는 이것은 나를 알아간다는 자각으로써 그리스철학이 풀어낸 에로스의 단계를 떠올려준다. 에로스는 육체적 아름다움을 사랑하는 것에서 미학적인 아름다움을 사랑하는 것으로 변하듯이 사람도 나이를 먹어 갈수록 채움과 비움의 분수를 익히려 한다.

문제라면 그 인식체계를 어떻게 자기화하는가이다. 심미적 인식과 인지라는 감수성은 오직 어떻게 바라볼 것인가라는 노력을 통하여 얻을 수 있다. 구체적으로 말하면 주변 사물을 자신의 삶에 일치시키는 방법이다. 문학적 학습이란 언어와 사물을 상호 교감시키는 것이다. 남다른 감수성과 섬세한 관찰력을 지닌 작가로서 성혜경은 무생물에서도 존재성을 찾아내는 본분과 입지를 높여 나가고 있다.

사람은 태어날 때 부모의 품에 안기고 생명이 다하면 신의 세계로 들어가기를 소망한다. 이때 떠오르는 언어가 "보듬는다"는 말이다. 성혜경의 경우, 보듬는 대상은 손자와 꽃으로부터 찻잔과 헌책까지 다양하다. 사물에 위로와 배려라는 심성을 입힌 작품 중의 하나가 인지적 감수성과 '보듬는다'라는 동사를 합친 〈보듬이〉이다.

목공방에서 작가는 목향을 한껏 풍기는 보듬이에 시선이 붙잡힌다. 다례를 배운 만큼 다기에 관심을 두는 것이 당연하지만 진귀한 그릇을 찾아낸 희열을 숨길 수 없다. 보통 사람이라면, "사고 싶다. 멋있다. 예쁘다"라는 일상어를 구사하겠지만 작가는 그때의 찬탄을 "보듬이로 차를 마시려면 겸손한 자세로 보듬어 안아야 한다"는 서술 문장으로 표현한다.

"겸손한 자세"라는 구절은 감수성으로 작동된 화법이다. 감수성은 지적인 걸림 장치로 여과시킨 감정을 지칭한다. 몸체를 낮추어 세상을 보듬어 안는 자세가 사물에게까지 미쳐야 한다는 차별하지 않는 도리를 알리는 것이다.

　　힘들거나 사랑스러운 이를 안아준다고 한다. 힘들어 보이는 것도 사랑하는 것도 내 마음에서 시작할 터이다. 보듬이의 온기가 나의 두 손을 데우더니 온몸으로 전해져온다. 안기는 이보다 품을 내어주는 이가 한결 행복해지는 이치를 할미가 되고서야 깨닫는다.

—〈보듬이〉 일부

찻잔은 늘 베풂이라는 자세를 취하고 있다. 찻잔이 따뜻한 차를 담아 사람의 입을 즐겁게 해주면 그 도리에 감응한 다인들은 그릇을 두 손바닥으로 보듬어 준다. 봉사에 대한 답례인 셈이다. 베푸는 것이 아무리 적더라도 서로를 껴안는 마음이 오가면 크나큰 행복과 용기를 주지 않는가. 문학과 종교가 일치하는 점이 배려와 나눔이므로 '보듬이'는 작품의 소재로서 손색이 없다.

사물과 사람의 친화성을 확장한 〈입춘첩〉은 내원사에 갔을 때 대면한 비구니 스님으로부터 받았던 입춘 문구를 제목으로 정한 작품이다. 비구니와 속세인 사이에 이루어지는 인생 이야기는 생각만큼 쉽지 않다. 그런데 초면의 비구니 스님이 작가에게 "영이 맑고 전생에 만난 적이 있을 것 같다"라는 덕담을 전하고 작가는 수행자의 말을 한마디도 놓치지 않고 경청한다. 전생이든 현생이든 인연은 소중하며 신앙이 달라도 가슴에 전해지는 말은 백매향과 같은 메시지로 기억된다. 한겨울 찬 바람이 머문 경내에서 이루어지는 정갈한 대화야말로 모두가 바라는 진정한 소통이라 말할 수 있다. '입춘첩'이라는 조그만 문구로써 산사의 수도와 세속 생활이 모두 수행임을 간파한 작가의 통찰이 신선하기 이를 데 없다.

〈오래된 명함〉은 명함이라는 사물과 의사를 삶의 무대에 함께 등장시킨 작품이다. 오늘날에는 상대방의 연락처를 스마트폰에 저장하고 시효가 다한 명함은 폐기하는 게 다반사다. 그런데 간직하고 있는 명함은 30여 년 세월이 지났다. 두 딸을 임신했을 때 지켜준 L 교수의 집 연락처가 적혀 있더라도 두 딸이 어른이 되었으니 불필요하다. 그렇다면 그 명함은 급한 연락처가 아니라 한 가정에 안전과 행복을 가져다준 은인을 기억하는 징표로 보아야 한다. 집 연락처까지 적어준 사실은 환자와 의사 간의 깊은 신뢰를 보여준다. 작가는 질병의 고통을 겪으면서 겸허함이 무엇인가도 배웠다. 명함 한 장에 담긴 여러 진의를 밝혀낼수록 작품이 더욱 심화된다는 예라 할 만하다.

그런 삶을 의미화한 작품이 〈진경 찾아가는 길〉이다. 사리암 해우소를 찾아가는 줄거리가 관심을 끌 만한 것이 못 되지만 작가는 그 길을 인생의 여정으로 변환하여 진경이라는 담론을 끌어내고 있다. 하루하루의 생활을 주변 경치로 보는가, 풍경으로 여기는가, 아니면 진경으로 해석하느냐에 따라 인생의 끝이 달라진다. 평범한 소재에서 비범한 의미를 뽑아내는 상상이 수필문학의 요건임을 알려주는 작품이라 하겠다.

> 마침내 앉은 이곳, 한 평 남짓한 공간에 무릎을 굽히고 앉았다. 태산 같은 긴장이 내려가니 세상 부러울 일 없다. 긴장이 풀리면서 비로소 유리 통창으로 만든 전면이 보인다. 일어서다 다시 앉는다. 들어오는 한 폭의 풍경화, 하늘을 떠안고 점점 진하게 다가오는 첩첩 산을 배경으로 선 낙엽송에 한 점 구름이 걸린다. 나도 저 구름처럼 가벼우리. 아, 차경이 좋구나!
>
> ―〈진경 찾아가는 길〉 일부

진경은 다름 아닌, "태산 같은 긴장을 내려놓아야 할 때의 생"이다. 탐색 모티프를 도입한 이 작품은 지금 이 자리의 자신에게 최선을 다하면 그 삶이 진경산수라는 것이다. 심우도를 은유한 작품이 바로 〈진경 찾아가는 길〉이다. 성혜경 작가는 드디어 그 길을 걸어야 한다는 진실을 《타래난초》를 마무리하면서 발견하였다.

4. 마무리

　성혜경의 수필 세계는 독자를 여행자로 만드는 길을 개척한다. 창작은 "일상적 생각에서 벗어나 참된 성찰과 존재 자체에 대한 예스러운 사유"임을 구현한 그녀의 작품들은 문학의 향기와 사람의 향기를 찾는 심미적 길임을 보여준다.

　작가가 상재한 《타래난초》는 꽃에 의한 삶의 이야기이면서 은유로 삶을 서사화한 작품집이다. 〈《타래난초》를 내면서〉에서 산과 들이 피워낸 풀과 꽃이 "나의 언어"라고 말한 고백만큼 자서로서의 작품임을 선언하는 적절한 표현이 없다.

　글은 작가와 독자가 만나는 심미적 광장이다. 성혜경은 그 광장에 문향과 인향이 가득한 수필집을 보듬어 안고 등장하여 화즉인花卽人의 깃발을 세웠다. 수필의 품격이 유연하고 우아한 진경에 있음을 보여준 수필집이 《타래난초》라 하겠다.

타래난초
성혜경 수필집

1쇄 펴낸날 2023년 11월 1일

지은이 성혜경
펴낸이 오하룡

펴낸곳 도서출판 경남
주 소 창원시 마산합포구 몽고정길 2-1
연락처 (055)245-8818
이메일 gnbook@empas.com
출판등록 제1985-100001호(1985. 5. 6.)
편집팀 오태민 심경애 구도희

ISBN 979-11-6746-118-6-03810

ⓒ성혜경

＊잘못된 책은 바꿔 드립니다.
＊저자와 협의 인지 생략합니다.

〔값 15,000원〕